人民币作为计价货币：
理论与政策分析

涂永红　著

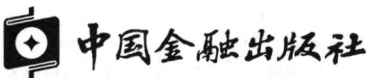
中国金融出版社

责任编辑：张智慧　王雪珂
责任校对：刘　明
责任印制：陈晓川

图书在版编目（CIP）数据

人民币作为计价货币：理论与政策分析（Renminbi Zuowei Jijia Huobi：Lilun yu Zhengce Fenxi）/涂永红著.—北京：中国金融出版社，2015.8
ISBN 978-7-5049-7943-8

Ⅰ.①人… Ⅱ.①涂… Ⅲ.①人民币—国际结算—研究 Ⅳ.①F822.2

中国版本图书馆 CIP 数据核字（2015）第 096081 号

出版
发行　中国金融出版社
社址　北京市丰台区益泽路 2 号
市场开发部　（010）63266347，63805472，63439533（传真）
网上书店　http://www.chinafph.com
　　　　　（010）63286832，63365686（传真）
读者服务部　（010）66070833，62568380
邮编　100071
经销　新华书店
印刷　保利达印务有限公司
尺寸　169 毫米 × 239 毫米
印张　13.5
字数　182 千
版次　2015 年 8 月第 1 版
印次　2015 年 8 月第 1 次印刷
定价　39.00 元
ISBN 978-7-5049-7943-8/F.7503
如出现印装错误本社负责调换　联系电话（010）63263947

国际货币研究系列丛书
编辑委员会

顾问：

埃德蒙·阿尔方戴利（Edmond Alphandery）、Yaseen Anwar、史蒂夫·汉克（Steve H. Hanke）、李若谷、李扬、罗伯特·蒙代尔（Robert A. Mundell）、潘功胜、任志刚（Joseph Yam Chi Kwong）、苏宁、王兆星、夏斌

主编：

陈雨露

编委：

贲圣林、曹彤、陈卫东、丁志杰、郭庆旺、胡学好、纪志宏、焦瑾璞、Rainer Klump、Il Lee Hong、刘珺、陆磊、David Marsh、Juan Carlos Martinez Oliva、Herbert Poenisch、瞿强、Alain Raes、Alfred Schipke、Anoop Singh、Wanda Tseng、涂永红、王永利、魏本华、向松祚、宣昌能、张杰、张晓朴、张之骧、赵海英、赵锡军、周道许

序

2008年的国际金融危机中断了世界经济增长的正常轨迹，打破了国际贸易、国际金融的旧格局。鉴于美元滥发是导致全球金融危机的一个主要原因，2009年中国人民银行行长周小川先生发表文章，倡导"超主权国家货币"，藉此弥补美元超越其经济实力作为主要国际货币而带来的严重缺陷，呼吁国际货币多元化。此后，发展中国家积极响应，国际货币体系改革呼声高涨。

中国经过30多年的改革开放，综合国力有了长足的发展，已经成为世界第二大经济体和最大贸易国，以中国为首的发展中国家的集体崛起，毫无疑问正在深刻地改变着国际贸易和国际经济格局，宣告发达国家主导世界经济的时代已经结束。这样的变革当然也会反映到国际货币体系中来，为人民币国际化打开了难得的战略机遇期。中国政府审时度势，于2009年开始了跨境贸易人民币计价结算试点，并在一年后全面推进人民币国际化。

作为一个新兴大国，中国有责任向全球提供公共物品。现阶段，中国在国际经济领域最具影响力的全球公共物品有两个，一是创新了区域经济合作模式的"一带一路"建设；二是正在稳步走向国际社会、发挥国际货币功能的人民币。

理论上讲，任何一种货币都必须具备三大职能：价值尺度、流通手段和储藏手段。价值尺度职能是其他两大职能的基础。在现实生活中，货币的价值尺度职能主要体现为商品和服务的计价。因此，人民币要成为一种主要国际货币，要成为一种在国际贸易、国际金融交易、各国官方储备中被广泛使用的货币，首先就要有强大的价值尺度功能，充当国际商品与服务贸易的计价货币，而且在直接投资、国际证券、国际借贷和衍生品市场充当计价货币。按照国际上通行的交易习惯，通常是用什么货币计价，就会用什么货币进行结算，这就意味着，如果人民币能够在国际贸易中，特别是在大宗商品交易中，以及在国际债券、贸易融资和直接投资等金融活动中发挥价值手段的职能，充当计价货币，人民币在国际经济活动中的计算份额就会显著提升，人民币国际化就有了坚实的基础。

本书从分析人民币在国际经济中充当计价结算货币的现状出发，深入剖析了国际贸易格局变化与国际货币格局变化之间的内在联系，指出当前的国际贸易格局为人民币国际化创造了十分难得的机遇。本书还回顾了近百年来主要货币兴起的历史，总结了英镑、美元、欧元、日元的国际化途径及其对人民币国际化的启示，运用实证分析方法确定一国货币成为国际贸易、国际债券计价货币的主要影响因素，进而阐明这些主要因素影响人民币计价的机理。

替代其他主要货币、充当国际经济的主要计价货币，人民币在这条道路上还有不少"拦路虎"。首先，中国是贸易大国但还不是贸易强国，企业主要处于产业链加工组装环节，而且缺乏跨国本土企业、核心技术和品牌效应，国际竞争力较低，这些因素大大限制了企业在贸易计价货币选择上的话语权。其次，中国尚未建立跨境人民币支付系统，企业和金融机构进行批量交易或投融资活动时会遭遇很大的困难，租用美元、欧元的全球清算系统使人民币交易费用进一步提高，外汇市场上人民币与外币的直接兑换对数量太少，这些因素共同导致人民币国际使用的便捷性不足，成本相对较高，也在一定程度上影响了非居民选择人民币的意愿。最后，国际经验表明，英国、美国、欧盟、日本等国在其成为世界贸易大国时，都有促使本国货币成为国际计价货币的独特模式,培育了特定范围内使用其货币计价的强大惯性,而且美元、欧元还在国际金融市场形成了难以超越的"网络效应"。通常,克服一种惯性至少需要一代人的努力。我们必须做好心理准备,人民币替代美元、欧元成为主要国际计价货币的道路是漫长和曲折的。

如何提高人民币的国际计价结算货币地位呢?"贸易顺差—资本流出"的实现路径不仅是主要货币国际化初期的共同经验,对当前中国经济转型与发展更是具有特别意义。21世纪以来,东盟10+3、上合组织、金砖国家、拉美五国、非盟十一国等30多个国家和地区对华贸易占比均在10%以上,对中国的贸易依赖度不断上升,这就为人民币国际化创造了极为有利的现实条件。如果以这些经济体为突破口,通过双边贸易和区域贸易等方式,有望继续强化贸易人民币计价功能。

在短期里,要积极推动双边贸易以人民币计价结算,考虑通过扩大直接投资、提高居民消费能力、建设自贸区或其他合作机制推动人民币作为贸易计价结算货币。可通过官方政策优惠、金融服务优惠或企业业务优惠等方式鼓励非居民接受人民币用于贸易计价结算。建议涉外会计、统计工作的记账货币考虑增加人民币。应大力推动国内金融机构发展对非居民(贸易相关)人民币贷款业务,同时鼓励离岸金融市场为非居民提供人民币流动性以及规避外汇风险的套期保值服务。

在中长期里,要以经济转型为契机,实现贸易优化与发展,以持续贸易优势引导非居民的人民币需求。要大力扶持具有较大国际影响力的跨国公司本土企业,增强中国企业的全球资源配置能力和贸易谈判能力;积极建设全球人民币支付清算系统,为人民币发挥国际计价尺度职能提供技术支持。对内,应继续深化金融体制改革,推动金融机构国际化发展,促进跨境人民币业务创新,以满足非居民对人民币金融服务的需要。对外,则要积极推进全球支付清算相关立法工作,完善离岸市场的制度和法律建设,同时要合理规划全球离岸人民币市场的布局,积极研究离岸市场发展对货币国际化、国内金融改革、货币政策有效性等可能带来的影响。

　　本书的研究编写离不开中国人民大学、商务部、中国人民银行的支持与帮助。特别感谢商务部的张艺雄处长和中国人民银行的王佐罡处长对我们的信任和支持，感谢人民大学财政金融学院的戴稳胜教授、王芳教授，他们牺牲休息时间，参与我们的课题研讨，提出了不少真知灼见和指导思想，给予我们莫大的帮助。

　　特别感谢中国人民大学财政金融学院的肖潇博士、刘冬硕士、赵雪情博士、任倩博士、荣晨博士、刘博鹏博士、魏平博士、王家庆博士，他们参与了本书的讨论和编写工作，提出了不少创新观点，本书的出版凝聚着他们的心血与智慧。

　　感谢中国金融出版社的魏革军社长，是他鼓励我出版这样一本学术专著。没有他的大力支持，这本书不可能面世。还要感谢中国金融出版社的资深编辑、我的老朋友张智慧女士以及王雪珂编辑，她们为本书的出版付出了大量的心血。

涂永红
2015 年 7 月 12 日

目 录

第1章 国际计价货币选择理论研究 ·· 1
1.1 文献综述 ··· 1
1.1.1 国际货币选择和替代理论相关文献 ······························ 1
1.1.2 货币国际化相关文献 ·· 6
1.1.3 人民币国际化相关文献 ··· 9
1.1.4 人民币跨境贸易计价结算相关文献 ······························ 12
1.1.5 国际债券币种选择相关文献 ······································· 14
1.2 国际贸易计价货币选择理论研究 ······································· 20
1.2.1 贸易计价货币模式 ··· 20
1.2.2 贸易计价货币选择理论 ··· 21
1.3 国际债券货币选择的理论研究 ·· 26
1.3.1 国际债券市场与货币格局 ·· 26
1.3.2 国际债券货币选择的影响因素 ···································· 27

第2章 人民币作为贸易计价结算货币现状分析 ······························ 40
2.1 人民币跨境贸易计价结算历史回顾与现状分析 ····················· 40
2.1.1 人民币跨境贸易计价结算历史回顾 ······························ 40
2.1.2 人民币跨境贸易计价结算现状分析 ······························ 44
2.2 人民币跨境贸易计价结算份额测算模型 ······························ 47

2.2.1　基本假设 …………………………………………… 47
　　2.2.2　人民币贸易结算份额预测 …………………………… 52

第3章　国际贸易格局变化对人民币计价的影响研究 …………… 55
　3.1　国际贸易格局的演变 ……………………………………… 55
　　3.1.1　贸易格局的历史演变 …………………………………… 55
　　3.1.2　新兴市场崛起后的贸易格局 …………………………… 57
　　3.1.3　贸易格局的演变动因和趋势 …………………………… 64
　3.2　国际贸易格局变化对贸易计价货币选择的影响 ………… 65
　　3.2.1　新兴贸易大国货币有更多优势成为新的贸易
　　　　　 计价货币 …………………………………………… 66
　　3.2.2　贸易区域化和结构调整将催生新的贸易计价货币 …… 67
　　3.2.3　国际货币格局变化的驱动模式差异对货币替代
　　　　　 有不同的影响 ……………………………………… 68
　　3.2.4　国际货币替代与国际货币格局展望 …………………… 70

第4章　世界主要货币国际化经验借鉴 …………………………… 72
　4.1　英镑实现跨境贸易计价结算的路径和启示 ……………… 72
　　4.1.1　以英镑为核心的国际金本位体系 ……………………… 72
　　4.1.2　条件分析和启示 ………………………………………… 74
　4.2　美元实现跨境贸易计价结算的路径和启示 ……………… 75
　　4.2.1　以美元为核心的布雷顿森林体系 ……………………… 75
　　4.2.2　"一超多元"的牙买加体系 …………………………… 77
　　4.2.3　条件分析和启示 ………………………………………… 78
　4.3　欧元实现跨境贸易计价结算的路径和启示 ……………… 80
　　4.3.1　历史背景及实现路径 …………………………………… 80
　　4.3.2　条件分析和启示 ………………………………………… 82
　4.4　日元实现跨境贸易计价结算的路径和启示 ……………… 83

4.4.1 历史背景和实现路径 ································ 84
4.4.2 条件分析和启示 ···································· 86
4.5 国际经验比较与启示 ······································ 88
4.5.1 主要国际货币国际贸易计价结算形成路径的共同点 ······ 89
4.5.2 主要国际货币国际形成路径的差异分析 ················ 90
4.5.3 人民币实现跨境贸易计价结算的国际经验启示 ·········· 93

第5章 跨境贸易计价结算实证研究 ································ 96
5.1 跨境贸易计价货币影响因素的分析框架 ······················ 96
5.2 变量选择与研究设计 ······································ 98
5.2.1 因变量选择 ·· 98
5.2.2 自变量选择 ·· 99
5.2.3 数据处理和模型 ···································· 101
5.3 数据处理与结果分析 ······································ 101
5.3.1 平稳性检验 ·· 101
5.3.2 主成分分析 ·· 103
5.3.3 回归分析 ·· 104
5.3.4 结果分析 ·· 105

第6章 跨境贸易人民币计价结算的机遇与障碍研究 ·················· 108
6.1 跨境贸易人民币计价结算的机遇 ···························· 108
6.1.1 经济实力显著增强 ·································· 108
6.1.2 贸易地位明显上升 ·································· 110
6.1.3 币值稳定吸引贸易企业选择人民币计价 ················ 112
6.1.4 跨境贸易人民币计价结算的潜在需求在增长 ············ 115
6.2 跨境贸易人民币计价结算的主要障碍 ························ 119
6.2.1 我国对外贸易规模大但竞争力不强 ···················· 119
6.2.2 人民币交易成本偏高 ································ 129

  6.2.3 金融支撑体系资源配置效率不高 …………………… 131
  6.2.4 人民币支付清算体系尚需完善 …………………… 138

第7章 国际债券计价货币选择因素研究 …………………… 146
7.1 国际债券市场发展历史 …………………… 146
  7.1.1 国际债券市场发展历史概览 …………………… 146
  7.1.2 国际债券市场币种结构 …………………… 149
  7.1.3 人民币国际债券市场发展历史 …………………… 153
7.2 国际债券币种选择影响因素的实证研究 …………………… 157
  7.2.1 变量定义及数据来源 …………………… 157
  7.2.2 模型设置 …………………… 159
  7.2.3 对于发达国家货币的实证结果及分析 …………………… 161
  7.2.4 对人民币的实证结果及分析 …………………… 164
  7.2.5 基本结论 …………………… 166
7.3 促进人民币国际债券市场发展的启示 …………………… 168
  7.3.1 降低发行成本，形成网络效应的正反馈机制 …………………… 168
  7.3.2 细化市场精确定位 …………………… 169
  7.3.3 总结与展望 …………………… 170

第8章 开创具有中国特色的货币国际化道路 …………………… 172
8.1 高质量的经济增长奠定国际货币根基 …………………… 175
8.2 国际贸易格局变化或触发贸易计价货币替代 …………………… 177
8.3 现代高效的金融支撑体系是人民币跨境结算的载体 …………………… 178
8.4 开创中国特色人民币国际化之路 …………………… 180

结语 …………………… 185

参考文献 …………………… 197

第1章 国际计价货币选择理论研究

1.1 文献综述

1.1.1 国际货币选择和替代理论相关文献

（1）关于国际贸易货币选择理论。在跨境贸易中充当主要计价结算货币是该主权货币拥有较高国际地位的重要体现，也是衡量该种主权货币国际化程度的可见标志。从英镑、美元、欧元和日元等主权货币的国际化发展路径来看，货币广泛应用于跨境贸易计价结算是该种货币国际化进程的肇始，然后由跨境贸易到跨境金融交易继而成为各国的国际储备货币。Bourguinat（1985）提出国际货币的交易媒介职能比价值储藏、记账单位等职能更为重要。Bacchetta 和 Wincoop（2005）在研究中指出，在跨境贸易中，双方选择计价结算货币的方法主要有：以生产国货币计价（PCP），进口国货币计价（LCP），中介国货币计价（VCP）三种。跨境贸易计价结算货币的选择决定了进出口双方谁承担汇率风险，影响到双方贸易企业的利润，同时对宏观经济也有影响。

国际计价结算货币选择理论主要有以下几种：

一是 Swoboda 假说。该假说出现于1968年，从交易成本的角度研究跨境贸易计价货币选择。Swoboda（1968）认为市场流动性高的主权货币其交易成本低，具有低交易成本的货币更容易成为跨境贸易的媒介。McKinnon（1979）从产品同质性入手，认为行业的产品同质性严重，则该行业倾向于用交易成本较低的单一主权货币进行计价结算。Krugman（1980）研究指出，中介货币选择存在动能和惯性。当某种主权货币在确立了国际市场主导地位，个体公司将没有动力转换成另一计价结算货币，因为转换会增加销售的不确定性而且也会提高交易成本。由于规模效应，在跨境贸易中使用外汇市场交易量大的单一主权货币计价结算可以降低成本，产生了密集市场外部性。Tavals（1990）强调在充分竞争的市场上，金融产品具有产品高度标准化、差异化低的特征，使用单一主权货币交易可以降低成本而且更高效。

二是 Grassman 法则。Grassman（1973）从贸易对象国的角度利用1968年瑞典的贸易数据研究跨境贸易计价货币选择，发现瑞典出口中66%的交易使用瑞典克朗计价结算，以美元计价结算的交易仅占12%，而进口中仅有26%以瑞典克朗计价结算，从而得出国际贸易倾向于以生产国货币作为计价结算货币的结论。经他进一步研究，对于发达国制成品贸易，进出口双方使用最多的计价结算货币是生产国货币，其次是以进口国的货币计价结算，几乎不会使用中介国货币计价。该发现被称为 Grassman 法则，但随着经贸格局调整，该法则不断受到挑战，南北贸易中，无论是出口还是进口，主要采用发达国家的货币计价，而发展中国家之间经常使用载体货币计价。

三是货币供给冲击模型。研究者通过建立动态一般均衡模型，研究通货膨胀和货币供给变化等宏观因素对跨境贸易计价结算货币选择的影响。Magee 和 Rao（1980）按照通货膨胀程度区分了强势或弱势货币，在通胀率低的国家和通胀率高的国家之间的贸易中，通胀程度低国家的货币是强势货币，在结算中占主导地位。Devereux 和 Engel（2001）假设本国主权货币和外国货币供给存在差异，建立了动态一般均衡模型，分析了发达国家和发展中国家不同的贸易厂商跨境贸易货币计价选择行为，以及这种行为对汇率的传递效应。Gopinath，Itskhoki 和 Rigobon（2010）建立了一个互相影响价格体系的动态内生货币选择模型，发现计价货币选择不是外生的，而是与汇率传递效应有相互影响的关系。Devereux、Engel 和 Storegaard（2004）的研究结果表明，货币供给的波动性与汇率的波动通常相联系，稳定货币供给的政策规则能增强持有者信心，抵消汇率的价格传递效应对国内物价的冲击，继而提高了选择该主权货币计价结算的可能性。

四是汇率波动模型。在贸易企业利润最大化函数中，引入汇率波动情况，研究汇率波动和汇率制度变化对跨境贸易计价结算货币选择的影响。Johnson、Pick（1997）和 Friberg（1998）曾先后提出，厂商会比较出口国货币对进口国货币汇率波动和载体货币对进口国货币汇率波动大小，从而决定选择哪种货币作为结算货币。Engel（2002）进一步研究了产品价格存在黏性时跨境贸易计价结算货币选择的情景。Bacchetta 和 Wincoop（2002）运用局部均衡和一般均衡模型分析，权衡在本币和中介载体货币作为结算货币的选择中，如果哪种货币汇率波动幅度更小，就会选择哪种货币作为结算货币。Donnenfeld 和 Haug（2004）通过建立多元回归模型，研究加拿大不同行业出口货币选择问题。其中，解释变量包含贸易伙伴国的地理距离、汇率风险和贸易规模，结果表明，汇率波动的估计结果在统计上显著，并呈现出 LCP 和汇率波动的正相关关系。Goldberg 和 Tille（2005）对 24 个国家的跨境贸易计价结算货币选择数据分析后发现，美元在跨境计价结算货币中占有主导地位，这既要归功于美国实力和影响力，还与新兴国家实行盯住美元的汇率制度有关。如果该主权货币盯住美元，跨境贸易中用美元计价结算效果与用本币进行计价结算相似，避免了汇率波动风险以及由此带来的需求变化。

五是贸易企业决策模型。20 世纪 80 年代以后，学者开始研究影响计价货币选择的微观基础因素，从贸易厂商利润最大化的视角研究跨境贸易计价结算货币选择。计价结算货币选择微观决定基础的贸易企业决策模型包括预期利润最大化模型、市场份额模型、讨价还价模型等。预期利润最大化模型是以贸易厂商利润最大化为目标,寻求厂商结算货币选择的局部均衡,衡量企业成本、需求变化对结算货币选择的影响。Baron(1976)指出当货币价值自由波动时,不仅产品价格有不确定性,需求也面临不确定性,若价格是汇率波动前确定,订单是汇率变动之后发出,由于出口商不知道进口商购买时的有效价格,如果出口商仍用本国货币定价,则会面临需求风险。讨价还价模型通过建立贸易双方讨价还价的博弈模型,研究贸易双方计价结算货币选择的动机,探讨了谈判能力对结算货币选择的影响。Goldberg 和 Tille(2009)在研究中国时指出,出口商有减小汇率波动对其收益影响的动机,从而更倾向于使用本国货币。但贸易双方谈判的结果反而是倾向于选择进口国货币,出口商可能会以提高出口价格的手段应对可能面临的汇率波动风险。他们假设出口商与两家客户开展贸易谈判,其中一家客户的订单金额颇大。如果不能与大客户达成协议,出口商的收入会较低,收入的边际效用会较高。当与大客户谈判时,谈判结果会倾向于进口大客户的偏好而使用进口国货币结算。

(2)关于货币替代理论。20 世纪 70 年代,随着布雷顿森林体系瓦解,美元失去了国际货币体系绝对霸主地位,新兴国家采取盯住美元的汇率政策使货币替代现象凸显,货币替代理论研究从此展开。货币替代是随着开放经济而生的货币性扰动现象,货币替代表现为一种主权货币在履行货币几种功能上全面或部分地替代了另外一种主权货币,对国家而言,货币替代可能性是双向的,包含外币代替本币和本币替代外币的情形。货币替代理论研究是从 20 世纪 60 年代末开始的,19 世纪 60 年代末美国学者 Chetty. V 第一次定义了货币替代现象,货币替代理论研究就此展开。

Ramirez - Rojas(1985)撰文指出,货币替代是境内居民对外国主权货币的需求。McKinnon(1985)经研究厘清了直接货币替代和间接货币替代的差异,将一种货币在相同商品贸易领域作为支付清算手段取代另一种货币定义为直接货币替代，非货币的金融资产在不同投资者之间的转移定义为间接货币替代。学者 Fasanso – Filho（1986）经研究提出，货币替代现象是指境外货币替代本国法定货币行使信用货币的价值储藏、交易媒介和价值尺度三大职能的现象。

货币服务的生产函数理论的创始人 Miles（1978）发表了题为《货币替代、浮动汇率和货币独立》的文章，强调了现代货币的综合功能，指出居民持有并调整境内和境外货币的持有余额是为了使货币性服务效用最大化。Bordo（1982）批驳了该理论的研究基础和结论，提出了自认为说服力更强的货币需求函数，解释该种现象，文中更为重视货币需求的交易动机，认为货币持有的本质意义在于使交易和支付变得更为便捷，改变本外币余额是为了获得最大化的效用。King（1978）则引入了资产组合的因素，将货币作为资产形式的一种，根据收益均值和标准差确定最佳的境内主权货币和境外主权货币的持有比例，并从风险收益角度解释了货币替代现象的形成机制。Poloz（1986）引入了货币的流动性交易成本和消费者面临的支付不确定性，提出了防备性需求理论。

在汇率和货币替代的关系上，Miles（1978）提出，在完全的浮动汇率下，被替代国货币政策的独立性会受影响。McKinnon（1982）从理论和实证两方面研究了货币替代导致的国际通货膨胀传递现象。Joines（1985）指出，如果保有一种主权货币的机会成本上升，在其他情况恒定的情况下，会导致对另外一种货币的需求增长，继而导致货币跨境流动，有可能引发货币控制权的丧失。学者 Vegh（1989）提出，货币替代导致本国居民持有外币，等于向该国政府缴纳铸币税，从而外国货币当局利用了本国居民进行财政融资，削弱了境内货币当局的融资能力。Imrohoroglu（1994）实证研究加拿大美元化比率提高的案例，发现该比例提高会对铸币税带来显著冲击。1988 年 Vegh 经研究指出从国民收入恒等式两边来看货币替代的产生减少境内储蓄，进而导致经常项目出现逆差。Calvo（1985）研究认为，因为本外币的货币需求具有负相关性，本国货币供给增加时，该国居民预料到通货膨胀率会走高，可能会选择持有外币，增加了外币需求，从而使本币贬值，客观上起到改善该国贸易收支的效果。

Miles（1981）提出，可以依照欧洲货币体系的做法，货币替代程度高时，可以选择推行"最优货币区"政策。McKinnon（1982）提出，如果想要降低开放经济下的货币替代，可以建立汇率调节机制，还可以探求如货币冲销政策等不同的货币政策协调方式。学者 Guidotti 和 Rodriguez（1992）实证研究了拉美国家的"美元化"现象，定义了货币替代的"免行动区间"，结论是在反替代收益大于成本的情境下，货币替代现象才会得到扭转。

1.1.2 货币国际化相关文献

（1）关于货币国际化的概念。货币国际化，顾名思义是指主权货币跨越其边境，在跨境贸易、跨境金融交易、国际储备中被其他国家广泛接受、认可和使用，在世界范围内行使货币职能的过程。货币国际化描述的不仅是主权货币作为国际货币使用的状态和结果，更是主权货币走出国门成为国际货币的过程。Cohen（1971）首次定义国际货币，另外 Tavlas（1991），Hartmann（1998），陈雨露（2005）等国内外学者也都从货币职能角度对货币国际化作出较为相似的解释，即货币国际化指主权货币走出国别界限在跨境贸易和跨境资本流动中行使价值尺度、交易媒介、储藏手段等职能。有必要厘清的是，国际货币和国际本位货币的差别，根据姜波克和杨长江（2004）的研究，国际本位货币通常只有一种，比如美元就是当今牙买加货币体系下的国际本位货币，而英镑、日元、欧元只是国际货币。国际本位货币不只是跨境履行计价结算功能，并且在计价结算、跨境投资和国际储备中还要占有绝对优势，其他货币难以匹敌。

（2）关于货币国际化的条件，纵观国际货币历史，主权货币能够跃升为国际货币,通常始于各国私人部门和官方机构市场选择的结果。国际货币基金组织认为主权货币转变为国际货币需要满足以下三个特征:首先是自由兑换性,即该主权货币能便捷地被买卖兑换;其次是广为接受性,指该主权货币在国际金融市场上被广泛接受;最后是价值稳定性,指主权货币价值保持相对稳定。

Andrew(1961)经研究发现,作为国别货币之间竞争产物的国际货币,是该发行国软硬实力的外在表现。Brinley(1975)在研究英国货币史时发现,从英国国力的变化和英镑国际地位之间的路径变化发现国际货币的地位有显著的历史惯性,英国的经济、政治、军事实力与其主要国际货币地位不相称时,英镑是世界主要国际货币之一。Bergsten(1975)认为货币国际化主要由政治和经济两个支柱支撑,指出国际货币的发行国要在国际社会上有首屈一指的政治号召力和实力,只有这样该国才能主导国际经济合作,其货币才能被普遍接受。另外,经济实力也是货币走出国门的关键,经济体在规模、通胀控制和增速等方面具有相对优势,具有合理的流动性比率和健康的收支结构,并且货币政策需要有效独立,金融市场兴旺发达。Mundell(1983),小原三代平(1984)也提出政治、军事实力在货币国际化进程中呈现重要作用。

Dwyer Jr. 和 Lothian(2002)总结了公元5世纪以来的世界主要货币发展史之后归纳出五个国际货币特征:一是较高的单位价值;二是价值长期稳定;三是该货币发行国是经贸大国;四是该货币发行国金融体系较为发达;五是国际货币是自然演进选择的结果而不是刻意计划产生。

就货币超越国家行使交易媒介职能的条件来说,Krugman(1980)经研究认为平均交易成本随货币交易量增加而递减,交易成本低的主权货币更易成为国际货币。但是,在保有国际货币地位时,具有一定动能和滞后性,货币发行国在世界贸易的主导地位下降,在一定时期内主权货币仍然可能继续维持发挥国际交易媒介的作用。

有些学者是从金融市场效率方面研究货币国际化条件。Williams（1968）提出，国际货币的流动性并没有呈现出依赖发行国实体经济的特征，而更多呈现出依赖该国金融部门发展效率的特征。Chrystal（1984）从银行间外汇交易的搜寻成本解释，认为外汇交易商如果根据初始交换币种需求可能花费较多的搜寻成本，而通过中介货币间接执行交易反而能节约成本，从而形成了一种均衡，交易商初始交换需求中最关键的货币便成为外汇市场上的中介载体货币。Kenen（1988）指出，货币走出国门需要较好的流动性供给条件，资本自由流动为货币国际化创造了其所需的深度和广度，金融市场自由化程度也是决定货币国际化程度的重要因素。

Tavlas（1990，1997）研究发现，除了开放有效的金融市场和较高的贸易份额之外，还需国际社会对货币发行国政治稳定有信心。Friberg（1998）研究了第三国货币作为跨境贸易计价结算货币的可能性。他证明了当出口商盈利是该国汇率的凹函数的时候，若第三国货币和进出口国货币之间的汇率波动小于进出口国之间的汇率波动，第三国货币就会被选择作为此次贸易计价结算货币。Mundell（2003）研究提出一国主权货币能否成为国际货币决定于国际社会对该主权货币的信心，而人们的信心受以下因素影响：一是该主权货币流通的区域和规模。流通范围与信心正相关，而流通规模则要适中，小则无法发挥规模效应，大则会遭遇"特里芬两难"。二是该主权货币发行国货币政策要稳定有效，预期稳定的货币政策能够提升对该货币的信心。三是管制程度。相对开放自由，则能获得更为广泛的接受认可。四是货币发行国强且长久的综合国力优势，并且货币价值具有稳定性。

有学者试图从数据中找出统计规律。Eichengreen 和 Frankel（1996）研究表明，主要国际货币发行国的经济产值在世界经济总产值中所占的比重每上升1%，则会促进该国主权货币在各国央行的货币储备所占的比重上升1.33%。Eichengreen（1998）利用历史惯量和经济尺度进行了更为严谨的估计,使用 1971—1995 年的数据,对英镑、美元、日元等货币在国际外汇储备中的份额与其本国 GDP 在全球经济总产值中的比率进行回归分析,得出了经济规模占比与履行国家储备职能之间的关系,即一国在全球经济总产值中的占比每上升 1 个百分点,则该国主权货币在全球外汇储备中的占比将增加 5 个百分点。

1.1.3 人民币国际化相关文献

多恩布什(1999)撰文指出未来货币体系中会包含人民币,人民币在亚洲占据主导地位。人民币国际化由来已久,近年由于我国经济迅速增长,在贸易领域表现也可圈可点,在国际金融危机美元贬值的机会窗口下,人民币国际化成了学界和业界都关注的话题。

(1) 关于人民币国际化的可行性。某种主权货币能否成为国际货币,归根结底来说是由该国的软硬实力决定的。关于人民币国际化的可行性,张礼卿(2009)撰文指出,人民币虽具备某些区域化特征,但由于中国经济竞争力相对不强、金融市场效率有待提高、资本项目管制等原因,人民币国际化将是漫长的进程。李超(2010)从贸易竞争力、产品差异度、贸易区域结构等方面分析了现阶段我国贸易程度能否支持人民币区域化。结论是推进人民币区域化当时已具备一定的贸易基础,但也尚存一些不利因素,如外贸总体竞争力不强、出口市场集中、低端加工贸易为主的贸易方式、原材料与资源对外依赖度高等。有学者认为人民币在相当长时期不具备匹敌美元的可能性。曲凤杰(2010)撰文指出,基于亚洲区域一体化现实,在很长的时期内日元和人民币都不可能成为与美元匹敌的国际货币,人民币距离区域核心货币的标准尚有很大差距。郝宇彪、田春生(2011)提出,人民币国际化不仅需要解决金融市场效率待提高、汇率及利率市场化形成机制不健全、资本账户管制等直接制约因素,人民币国际化还需要解决以下深层次的问题:一是主权货币国际化最终取决于其微观市场基础企业在全球范围内的竞争力，人民币能否成为主流国际货币，将依赖于中国是否能改变其在国际分工体系的中低端地位；二是人民币国际化要求中国转变目前以外向型和投资型为主导的经济发展方式；三是能否处理好与本位货币美元之间的关系。

(2) 关于人民币国际化的路径。高海红和余永定（2010）撰文指出，国际货币路径表明，货币国际化进程主要由市场力量决定，而不是人为推动实现的。因此，人民币国际化不是政府政策目标，政府可以做的是创造人民币国际化的条件，促进金融体制改革、金融市场开放和金融自由化。张宇燕和张静春（2008）提出人民币国际化有两条路径可走：其一是区域化路线，加强东亚区域货币金融合作，培育人民币成为区域关键货币，再逐步走向货币国际化；其二是直接国际化路线，将人民币直接培育成国际货币体系中除美元、欧元之外的主流货币。具体如何选择，取决于对各种条件和发展趋势的考量。他们认为，目前来看人民币走直接国际化路线的基础尚有不足，国内金融体系也不具备足够抵御风险的能力。贸然推行人民币直接国际化，有可能会给国内经济带来损害。相比之下，走区域货币合作道路是更为现实可行的考虑。其他学者也认同分步走的渐进国际化道路。李稻葵和刘霖林（2008）撰文提出的"双轨制"，认为日元当前的国际化水平高于人民币，若加入"亚元"，人民币将长期被日元牵绊，失去国际化发展的战略机会。同时，加入"亚元"，将与强势货币产生直接对抗，不利于长期进程。因此首先在中国境内实施渐进式、分阶段的资本项目可兑换，提高金融体系效率，推动进出口企业以人民币计价结算；其次在境外，扩大以人民币计价的金融产品交易规模。此外，还有"三步走"提法，主要指的是周边化—区域化—国际化。王元龙（2009）提出，人民币国际化总体战略应为采取地域扩大的周边化、区域化和国际化"三步走"：首先是扩大人民币港澳台三地及周边国家的使用流通，实现周边化；其次是提升人民币在亚洲国家中的地位，促使人民币成为区域主导货币；最后，推进人民币成为国际化货币。不只是从地域上,从职能上也可以实现计价结算货币、投资交易货币和国际储备货币"三步走"。也有学者撰文指出,可以通过跨境贸易人民币结算方式推动人民币国际化。褚华(2009)提出,在当前,在人民币境外需求不高和自由兑换的约束下,推进人民币国际化可以采取"强制度"方式。以跨境人民币贸易计价结算作为切入点,完善跨境贸易制度设计和安排,实现阶段性突破。王华庆(2010)撰文指出,人民币国际化是长期而艰巨的系统复杂工程,不仅需具备完善的国际收支机制、资本项目开放等条件,还要具备相当发达的金融市场、独立有效的宏观调控政策等诸条件。更为现实可行的选择是,将人民币打造成为更加便捷、贸易伙伴更加信任与接受的跨境贸易计价、结算货币。学者陈雨露、涂永红、王芳(2013)撰文指出人民币最大的挑战来自实体经济,人民币国际化的中期挑战在于我国金融市场化程度较低。他们认为人民币国际化是大势所趋,但应顺势而为,做好顶层设计,建立长效机制,不可用搞运动的方式推进。

(3) 关于人民币国际化影响。一些学者开始关注人民币国际化的意义与风险。张宇燕和张静春(2008)研究提出人民币国际化的成本有:一是为了满足货币兑付需求,需要持有美元储备,从而减少投资其他高回报金融资产的收益;二是需要承担起维持地区金融稳定和最后贷款人的责任,有可能对中国经济政策和经济发展带来不好的影响;三是国际资本流动会对国内汇率、利率等价格水平造成影响;四是一旦人民币国际化进程扭转,将会严重危害国内经济、金融改革既有成果。王元龙(2009)也提出,人民币国际化的风险体现在宏观政策有效性减弱,维持境内经济金融稳定的难度加大,以及监管难度上升,可能面临货币需求逆转风险和"特里芬两难"等。马荣华也(2009)撰文指出,人民币国际化对我国经济造成的负面影响可能是多方面的,比如升值压力;利率上升压力增大;一些经济指标将面临更大不确定性;资本账户管制效果下降;金融机构面临的国际风险增大等等。张青龙(2011)

将人民币国际化变量放入开放经济的 IS-LM 模型,测算人民币国际化对我国货币政策效应的影响,结果显示,不同程度的人民币国际化将对货币政策产生不同的利率效应、汇率效应、收入效应、消费效应、经常项目收支效应,并且会对货币流通速度产生一定影响,使货币政策复杂性增加。张宇燕和张静春(2008)提出,如果人民币国际化会给中国带来一些收益,体现在获得铸币税收入,扩大对外贸易规模,巩固贸易伙伴间的关系,提升金融体系的稳定性等方面,相对于成本,收益将是更为系且长远的。王元龙(2009)撰文指出,进程将有助于降低汇率风险,提升国际地位,缓解高额外汇储备压力等。马光明(2009)从不平等升值压力的角度研究了收益情况。不平等升值压力是指,货币地位不同使发展中国家外部市场占有率上升所产生的升值压力显著大于该储备货币发行国外部市场占有率上升同等幅度引起的本币升值压力。作为发展中国家,我国外部市场占有率变化同样使得人民币也面临不平等升值压力,而人民币国际化对消除这一压力有显著作用。庄太量、许愫珊(2011)提出,由美元、欧元和人民币组成的多元外汇储备组合较现有体系更为稳定,人民币国际化有利于推动现行牙买加国际货币体系的完善,促进世界经济健康发展。

1.1.4 人民币跨境贸易计价结算相关文献

人民币跨境贸易计价结算从 2009 年开始试点到现在时间尚短,相关研究比较少,主要是国内学者开展的研究。

(1) 人民币跨境贸易计价结算业务正式启动之前的文献研究情况

在还没有正式启动人民币跨境贸易计价结算之前,也就是在 2009 年以前,就已有先见的学者和机构进行过跨境人民币流通使用的相关研究。姜波克(1994)针对 1993 年到 2003 年十年期间人民币流出数量进行了估算,他指出到 2003 年,人民币累计流出总金额将达到 2 000 亿元。李蜻、何帆、管涛(2004)也对跨境人民币流通使用的总额进行了实证研究，但也就止于单纯的规模测算。央行 2005 年的调查报告显示，2004 年人民币现金跨境流量在 7 700 亿元左右，人民币在周边国家、地区留存量大概为 216 亿元。

巴曙松（2003）撰文提出，周边边境贸易是人民币国际化进程的主要驱动力。刘崇（2007）指出，借助人民币在跨境贸易计价结算领域使用规模增大，实施以跨境贸易推动人民币走出国门的务实战略。当然，人民币跨境贸易计价结算提升了我国国际影响力的同时，也会带来一些风险，学者早些时候就意识到人民币跨境结算带来的风险。我国学者李婧（2007）经研究指出，人民币跨境流通给我国经济带来了潜在运行风险，国内金融风险由此可能被放大。学者曹红辉（2008）也提出类似观点，指出现阶段我国缺乏完善的支付清算信息平台和相对完善成熟有效的支付清算系统，金融市场有效性也与发达国家有一定差别。梅新育（2006）指出，留存在境外的人民币数量不够，若要推行跨境贸易人民币计价结算，要探索开拓人民币流向境外的渠道，从而增加境外人民币流动性。央行 2008 年发布报告分析了人民币跨境贸易结算障碍，提到了企业定价能力、人民币境外结算渠道和人民币跨境清算网络等方面的障碍。

（2）人民币跨境贸易计价结算业务启动之后的相关文献研究

人民币跨境贸易结算从 2009 年着手试点至今已进行将近五年。回顾五年历程，无论从规模上还是从深度上，都有了质的和量的飞跃，理论研究也随着业务进展取得了一些成果。

关于跨境贸易人民币计价结算的影响。苏宁（2010）指出，开展跨境贸易人民币计价结算将有利于我国外贸企业财务管理，贸易成本能得到有效锁定，并且汇率风险、汇兑成本也得到有效控制，具有突出的现实、长远意义。陈莹（2010）提出，开展人民币跨境贸易计价结算对提升人民币的国际地位有重要意义，有利于打开我国境外金融业市场空间，也可以控制外贸企业的风险和成本。2011 年，中国人民银行绵阳市支行课题组运用误差修正模型，分析了外贸经济同跨境贸易人民币计价结算之间相互影响关系，结论为跨境人民币结算对进出口份额增长具有显著作用，与出口相比，对进口的促进作用更为显著。

在人民币跨境结算试点刚启动的2009年，黄金老（2009）指出，我国在跨境贸易中占弱势，跨境资本流动可以作为跨境贸易人民币结算的强大推动力，贸易反而对于实现人民币计价结算推动不大。孙立坚（2009）提出，我国支付清算体系不完善和运行效率不高也给跨境贸易人民币计价结算带来风险。作为新兴的贸易计价结算货币，现有主流国际货币的"惯性"也阻碍了人民币跨境贸易计价结算的发展，可以从周边化、区域化入手。跨境贸易中的产品差异性直接关系到进出口企业的议价、谈判能力。赵锡军（2009）指出，我国贸易产品缺乏核心竞争力，阻碍了人民币在跨境贸易中的使用份额，及早解决人民币跨境计价结算配套政策和技术问题，也能推动实现人民币跨境计价结算的进程。李婧（2011）进一步指出，人民币国际化路线图中最为关键步骤之一就是实现人民币跨境贸易计价结算，需要提升国内金融市场开放度和境内金融机构的水平，完善外汇等市场。学者梅德平（2012）指出，人民币国际化战略的逻辑起点就是我国正在推进人民币跨境贸易计价结算，人民币跨境贸易计价结算业务对于我国货币国际化的意义不言自明，计价结算功能的实现是人民币国际化进程中的基础性支撑力量。

1.1.5 国际债券币种选择相关文献

国内外对于国际债券币种选择理论的大多数研究都认同，预期的外币现金流入、一国的经济规模、网络效应、汇率、资金成本、发行费用等因素都会对企业是否发行国际债券以及发行以何种币种计价的国际债券产生影响。下面，我们将这些因素分为公司微观层面因素、宏观经济层面因素以及其他因素三个部分进行分析。

(1) 公司微观层面因素

第一，风险管理理论。许多研究认为，国际债券的发行人和投资人是出于风险管理的目的而发行外币国际债券。从债券发行者的风险管理角度考虑，Kedia 和 Mozumdar（2003）对美国的公司进行研究，他们发现，倾向于发行国际债券的公司大多在未来将有相关外币的现金流流入。Keloharju 和 Niskanen（2001）对芬兰公司进行相关研究，也得到了相同的结论。ECB（2005）研究发现，从公司层面考虑，在某个货币发行地拥有分支机构，将显著增加这个公司发行该种货币国际债券的可能。

从债券投资者的风险管理角度考虑，债券投资者会出于分散资产配置的目的，选择投资不同币种的国际债券。Solnik（1974）认为，投资者会在全球范围内配置资产，同时完全对冲汇率风险。

第二，发行费用理论。一些研究认为，发行或持有某种货币的国际债券需要考虑不同国家的税收政策差异、监管政策差异、市场结构差异，这些差异会引起发行不同币种的国际债券的发行费用不同。

Kim 和 Stulz（1988）认为，如果上述成本很大的话，在未来存在外币现金流流入的借款者可能会采取直接在本币现货市场上借钱，同时使用掉期来对冲未来的汇率风险，而不会发行外币国际债券。Goldstein 和 Turner（2004）认为，对于新兴市场国家的借款者来说，本国货币的债券市场通常不够大。因此，这些国家的借款人有时为了满足资金需求，只能转向国际债券市场。

对于发行费用是否是一个显著的影响因素，有些学者存在不同看法：Kedia 和 Mozumdar（2003）对美国公司进行实证研究后认为，税收套利或者监管成本等因素对国际债券市场币种选择并无显著影响。

第三，网络效应理论。网络效应是被众多学者认可的影响国际债券发行货币选择的重要因素之一。网络效应（Network Effects），或称为网络外部性（Network Externality），是 J. Rohlfs（1974）在对电话网络研究时提出的。

Krugman（1984），指出网络效应会产生正反馈和路径依赖，即一种货币的使用者越多，使用它的成本就会越低，也就会有更多的人使用它。Copper（1997），Kenen（2002）均认为网络效应是影响国际货币体系的重要因素。Krugman（1984）和 Aarstol（1999）认为网络效应在货币选择中的影响很大。一个经济体，无论是政府部门还是私人部门，都会更加愿意选择一种别人都使用的货币作为国际贸易和国际金融市场的计价交易货币。Lim（2006）用实证结果证明，网络效应对于货币国际化的影响甚至比一国的经济规模更为重要。

Flandreau 和 Jobst（2009）对 19 世纪末国际货币进行了研究，发现确实存在网络效应的影响。McKinnon（1998）和 Greenspan（2001）都认为，美元能在国际货币体系中维持霸主地位，是因为其他货币不及美元在网络效应上的优势，这使美元处于自然垄断地位。Pineau（2010）具体分析了美元和欧元的角力，他认为欧元没有撼动美元地位的原因是美元存在巨大的网络效应。孙海霞（2012）对于美元、日元、欧元和马克构建动态模型，其实证结论是：网络效应是国际债券发行货币的显著影响因素。

第四，"利率不平价"及借贷力量博弈理论。除了风险管理、发行费用和网络效应会对国际债券币种选择产生影响外，一些研究者发现，货币的利差和汇率水平也会产生影响。

Cohen（2005）指出，投资人和发行人的共同偏好，决定了国际债券市场上的货币选择。他发现当一种货币相对于自己的长期平均水平走强，并且长期利率水平较其他货币较高的时候，该货币国际债券发行量会增多。Allayannis 等（2003）则发现，利差对东亚公司的国际债券货币选择有十分重要的影响。ECB（2005）对全球范围内的研究也得到了相似的结论。李稻葵、刘霖林（2008）对影响国际债券中币种结构进行了实证研究，结论是决定国际债券币种结构的因素包含本国货币汇率的变动。林晶（2004）研究了影响国际贷款货币选择的因素，也认为利率和汇率是重要的影响因素。

虽然经典的教科书认为存在非抛补利率平价，但是许多实证都证明了汇率变动与利差之间的关系不强。Froot 和 Thaler（1990），Chinn 和 Meredith（2005）的实证结论都显示，投资于高利率货币的债券会有一个正回报，而发行低利率货币债券对于借款方是有利的。Cohen（2005）认为，因为市场存在隔断，套利受限，所以抛补利率平价也不完全成立。因此，利差和汇率变动趋势将影响国际债券货币选择。Cohen（2005）还特别研究了本国的债券发行人选择发行本国货币国际债券的影响因素。他发现，本国发行人对于本国货币汇率变动不敏感；而本国发行人在考虑选择何种外币作为国际债券计价货币时，汇率和利率是重要考虑因素。

由于存在"利率不平价"，在发行某种货币的国际债券时，就可能对借贷双方中的某一方更有利。因此，是否发行某种货币的国际债券是借贷双方力量博弈的结果。Andrew Mohl（1984）提出了借贷双方力量对于信贷市场上的货币选择有重要的作用。他考察了国际信贷市场的最重要两种形式——国际辛迪加贷款和国际债券，发现两者的货币构成常常发生完全相反方向的变动。例如，自从 1981 年以来，在国际辛迪加贷款市场上，美元信贷份额显著下降，非美元信贷份额显著上升。在国际债券市场上，美元债券份额显著上升，而非美元债券则相反。Mohl（1984）认为，出现上述现象的原因是因为在国际债券市场上，投资者在货币选择中占据主导地位。这是因为，国际债券市场上的投资者多数为个人投资者，他们缺乏对冲汇率和利率风险的手段；而国际债券市场上的发行方通常是金融机构、政府和公司，它们往往是出于对冲汇率和利率风险的目的才发行国际债券的。

(2) 宏观经济层面因素

除了从公司微观层面来考虑国际债券的币种选择，一些学者从更为宏观的角度，考察了一系列经济和金融因素对于国际债券市场货币选择的影响。

第一，经济规模理论。一国的经济规模对该国货币在国际债券市场上的使用会产生显著影响，这一结论为大多数学者所认可。Kindleberger（1967）提出，国际货币的首要决定因素是一国的经济规模。

经济规模对内体现为 GDP。陈雨露（2003）提出发行国的实力是货币竞争力的最重要决定因素。Chinn 和 Frankel（2005）提出，一国货币的国际化程度，与该国的 GDP 在国际中的占比有非常明显而自然的联系。李稻葵、刘霖林（2008）对于影响国际债券中币种结构进行了实证研究，结论是决定国际债券币种结构的因素包括该国 GDP 在全球 GDP 中的占比。

经济规模对外体现为进出口贸易额。Kubarych（1978）认为，一国国际贸易量越大，会产生越多的以该国货币计价的交易。于旋（2010）也认为一国的国际贸易总量与其货币的国际地位显著相关。Flandreau 和 Jobet（2005）认为，英镑在 19 世纪的地位得益于英国海上贸易的繁荣。Bobba，Corte 和 Powell（2007）提出，双边贸易纽带对于国际债券货币选择有明显的影响。如果两国之间的经济联系很紧密，那么两国在发行国际债券之时，可能优先考虑对方的货币。双边贸易量的多少能够体现经济联系的紧密程度。

第二，币值稳定性理论。币值的稳定性对于货币在国际债券市场的使用也有很重要的影响。一种货币对内币值的稳定性可以体现为通货膨胀率的高低，对外币值的稳定性可以体现为汇率变动率的大小。由于我们已经将汇率水平归类为上文中的"利率不平价"理论，因此，我们在这里重点讨论的是对内价值的稳定，即通货膨胀率。

Tavlas 和 Ozeki（1992）认为，币值不稳定将扭曲价格信号，增加使用成本，进而使该货币的使用需求下降。Hayek（1976）认为，除非使用某种币种带来的收益能够覆盖由于这个币种币值不稳定所增加的使用成本，否则市场参与者将不会选择使用这个货币。Calvo 和 Vegh

(1992)、Li 和 Matsui（2005）提出，币值不稳定的货币在国际市场上最终会被币值稳定的货币所取代。Hayek（1976）认为，可能的货币替代会对国际货币发行主体形成一个外部约束。

Cohen（1971）认为，英镑在 19 世纪的广泛使用源于英镑稳定的币值，其后经历战争和萧条后的英镑失去了币值稳定的基础，这使英镑被国际市场放弃。丁剑平、吴文、陈露（2012）认为英镑将其价值与金本位结合，美元通过布雷顿森林体系保持币值稳定，这是英镑和美元获得国际货币体系中地位的原因。与之相反的是日元，其浮动汇率制阻碍了国际化的脚步。

第三，金融市场结构理论。金融市场结构包括市场的深度、广度、完善程度以及开放度等内容。在全球金融一体化的背景下，国内金融市场的市场结构会对该国货币在国际金融市场上的使用产生重要影响。

Kenen（2002）提出一国金融市场结构将影响一国货币的国际化。高海红（2009）认为，货币国际化与国内金融市场环境有紧密联系。Bergsten（1975）认为，一个开放的金融市场能够为市场参与者降低参与成本和减小风险。Tvlas 和 Ozeki（1992）分析认为，国内足够深度和广度的金融市场将降低市场中参与者的成本，同时降低市场风险，进而提高市场参与者使用国内币种的意愿。Tvlas 和 Ozeki（1992）还举了日本的例子，他们认为日元国际化不顺利的一个原因是日本政府对东京金融市场设置了较多的限制。

（3）其他影响因素

ECB（2005）认为，债券的发行者在进行货币选择时，遵循两阶段法则：第一步，发行本国货币债券还是外国货币债券；第二步，如果倾向发行外国货币债券，那么应该使用哪个国家货币。Siegfried, Simeonova 和 Vespro（2007）对于"两阶段法"进一步研究，构建了一个静态模型，从发行方的角度最小化借贷成本。他们发现，经营地域越大的企业越有可能发行国际债券，兼并收购行为也使企业更倾向于发行国际债券。他们还发现，债券发行规模对币种选择有影响：发行规模小的企业倾向于发行美元债券，而发行规模大的企业倾向于发行欧元、英镑和日元国际债券。

Kedia 和 Mozumdar（2003）考察了美国公司发行的前十大货币国际债券，发现公司更倾向选择信息不对称程度较低的货币作为国际债券计价币种。

杨海荣（2011）研究了货币国际化与债券市场发展的关系后提出，中国应优先发展离岸金融市场，在离岸金融市场中积极推进人民币国际债券市场的建设。

总结以上文献，学者们对于国际债券市场币种选择影响因素的研究可以大体分为公司微观角度和宏观经济角度这两个角度。从公司微观层面，主要包括风险管理、发行费用、网络效应及"利率不平价"这四个影响因素。从宏观经济层面，主要包括经济规模、币值稳定性及国内金融市场结构这三个因素。其他还有一些学者从信息不对称、离岸金融市场等角度分析了国际债券市场币种选择的影响因素。

1.2 国际贸易计价货币选择理论研究

国际货币最基本的功能是计价、交易功能，即在国际贸易、国际资本流动的各项交易中充当计价结算货币。国际贸易的计价货币与结算货币通常是同一种货币，选择某种货币计价，意味着选择该货币结算。因此，国际贸易计价货币的份额是衡量货币国际化程度最重要的指标之一。由于一国的出口就是另一国的进口，故从出口角度讨论计价货币，实际上涵盖了全部贸易的计价货币。

1.2.1 贸易计价货币模式

从计价货币选择看，出口计价有三种模式：第一，本国货币计价，出口商使用本币计价;第二,进口方货币计价,出口商使用出口目的地货币计价;第三,第三方货币计价,出口商使用进出口双方之外的第三国货币计价。在当今的国际贸易中,美国超过98%的出口贸易使用美元计价,德国超过54%的出口贸易使用欧元计价,是典型的本国货币计价模式;此外,一些国家的部分出口行业也使用本币计价,例如俄罗斯的主导出口产品——石油、天然气,通常要求使用卢布计价,日本也有接近1/5的出口贸易使用日元计价。向欧盟国家的出口,尤其是向欧元区国家的出口,大多使用欧元计价,是进口方货币计价模式。包括中国在内的广大发展中国家,无论向哪个国家出口(欧元区除外),基本上都使用美元,是第三方货币计价模式。当然,2009年以来,中国为了规避美元、欧元贬值带来的汇率风险,鼓励本国出口企业使用人民币计价结算,出口贸易第三方计价的比例有所下降。

1.2.2 贸易计价货币选择理论

半个多世纪以来,关于贸易计价货币选择的理论研究表明,稳定出口销量,降低生产成本波动性,实现利润最大化,是出口企业选择计价货币的出发点。经济规模、行业特性、贸易结构、宏观经济波动性、交易成本、避险动机是决定出口计价货币选择的主要因素。

(1) 经济规模

经济规模大的国家,生产行业齐全,进口替代能力较强,市场纵深度较大,可以吞吐多元化的进口商品。通常进口商品的市场份额不大,只是国内市场的一个补充,不会影响市场的定价。国内生产商是市场的主导者,与国外出口商之间存在激烈的竞争关系。由于经济大国的进口需求富有弹性,市场对进口商品的价格波动比较敏感。为了减少汇率波动导致出口商品与目的地竞争对手商品的相对价格波动,国外出口商大多愿意采用进口方货币计价模式,以经济大国的货币计价。经济规模小的国家,出口商对出口目的地的商品市场几乎没有任何影响力,从经济利益角度衡量，出口商不会选择使用本币计价。如果经济大国要求自己的出口企业必须使用本币计价，经济规模巨大带来的本币计价优势就会产生溢出效应，使越来越多的小国在出口贸易中选择经济大国的货币计价。① 因为，经济大国的出口在经济小国的市场中份额较高，对当地市场的价格有显著的影响，经济大国出口商使用本币计价，由此带来的汇率波动会直接影响经济小国出口商的生产投入成本，打击其市场竞争力。为了减少生产成本的波动性，经济小国的出口商有动机选择经济大国的货币计价。

（2）行业特征

随着直接投资规模的不断扩大，发达国家的先进技术的扩散速度变得越来越快。生产技术的趋同使各国出口商品的同质性越来越高。由于同质商品的可替代性非常强，稍微的价格变化就会导致出口需求数量的大幅波动，这类商品的生产商有强烈的愿望采用主要竞争者的货币计价，这就是出现"聚集效应"（coalescing effect）的原因。聚集效应是指出口商倾向于选择其竞争对手的货币来计价，以避免相对价格的波动造成销量下降和生产成本上涨。国际竞争越激烈，产品替代弹性就越高，聚集效应也就越强。② 由于信息技术、网络技术和金融技术的广泛运用，越来越多的大宗商品、初级产品集中在交易所或者电子交易平台进行交易，这种高效的标准化交易方式，反过来又进一步推动商品的同质化，迫使出口商选择交易所指定的、单一的、交易成本低的货币计价③。相反，那些生产技术和品质差异较大的出口商品，主要是高附加值的资本品、耐用品，出口商在计价货币选择时有更多的主动性与灵

---

① Linda S. Goldberg and Cédric Tille, Vehicle currency use in international trade, Journal of International Economics, 76 (2008): 177 – 192.

② Linda S. Goldberg and Cédric Tille, Vehicle currency use in international trade, Journal of International Economics, 76 (2008): 177 – 192.

③ Ronald I. McKinnon, Money in International Exchange: The Convertible Currency System, Oxford University Press, Incorporated, 1979.

性,表现为计价货币比较分散,很少出现类似大宗商品那样集中使用一两种计价货币的情况。实际上,在替代弹性比较高的出口商品计价中,一旦某种货币取得先机,被广泛使用于国际贸易计价,就会逐渐形成一种很强的惯性,出口商一般不会轻易替换计价货币。因为替换计价货币很可能造成交易成本上升或者国外需求数量下降,使出口商在国际竞争中处于劣势。Krugman(1980)[1]指出,某种货币要想成功地替换现行的贸易计价货币,一个必要的条件就是降低交易成本,使之不高于目前占据优势的计价货币。

(3)贸易结构

由于经济总量、经济发展水平不同,世界各国的贸易结构差异很大。有的商品出口需求弹性较小,价格变化几乎不会改变商品的需求量,例如技术先进、高附加值的制造品,或者存在刚性需求的能源产品。有的商品出口需求弹性较大,价格上涨将导致需求数量明显减少。出口替代弹性[2]是常用的衡量市场竞争程度的指标,二者是正相关关系。因此,出口商品的市场竞争越激烈,出口替代弹性就越高,意味着出口商品价格上涨非常容易导致需求量大幅下滑。各国的出口行业以及各行业所占份额各不相同,Imbs 和 Mejean(2010)[3]根据 24 个主要国家的贸易结构状况,测算了各国的出口替代弹性。美国、法国、德国、英国、日本、中国的出口替代弹性都在 -3.5 左右,表明这些贸易大国存在较高的出口替代弹性,出口商品价格平均每上升 1 个百分点,出口需求数量将下降 3.5 个百分点。为了赢得市场份额并避免生产成本上涨,出口商必须维护出口目的地市场的价格稳定,一个明智的选择就是

---

[1] Paul Krugman, Scale Economies, Product Differentiation, and the Pattern of Trade, The American Economic Review, Vol. 70, No. 5, 1980, 950 – 959.

[2] 替代弹性是产品价格变化导致需求数量变化的程度。如果产品价格上涨1%,产品需求减少2%,则该产品的替代弹性为2。替代弹性越大,产品价格变化对市场需求变化的影响就越大。

[3] Jean Imbs and Isabelle Mejean, 2010. "Trade Elasticities: A Final Report for the European Commission," European Economy – Economic Papers 432, Directorate General Economic and Monetary Affairs (DG ECFIN), European Commission.

采用进口方货币计价,或者采用主要竞争对手的货币计价。

(4) 宏观经济稳定性

在商品替代弹性较低的情况下,出口商有较大的主导权决定计价货币,此时宏观经济稳定性是出口计价货币选择的重要决定因素。宏观经济波动,尤其是工资水平、货币数量的波动,必然会引起生产成本和通货膨胀的变化,导致货币汇率上升或下降,从而影响出口商的边际成本、商品价格,以及出口需求。一些实证研究表明[1],宏观经济稳定性、汇率波动是出口商放弃本币计价,转而使用进口方或者第三方货币计价的主要驱动力。那些宏观经济稳定、货币数量增长适度,币值稳定的国家的货币,容易成为众多国家出口商选择的计价货币。Giovannini (1988)[2],特别是在商品价格变化存在粘滞性或者汇率波动只能部分反映到商品价格中的情况下,汇率稳定的货币是贸易计价的最佳选择。[3]

(5) 避险动机

避险动机[4]在出口计价货币选择中的影响力不断上升。通过合理选择计价货币,获得汇率波动的额外收益,弥补因生产规模扩大而增加的边际生产成本,是越来越多的出口商选择计价货币的动因。出口商选择计价货币时并不单纯考虑汇率波动方向和波动幅度,而是综合评价汇率波动与边际生产成本之间的互动关系。即使没有出口替代压力,在边际生产成本上升的条件下,如果本币贬值,出口商就会采用进口方货币而非本币计价。这样可以使出口商获得进口方货币升值带来的额外收益,部分补偿成本上涨造成的利润损失。相反,如果本币对外升值,避险动机将推动出口商选择本币计价。自 2008 年国际金融危机以来,主要国

---

[1] Wilander, 2006; Bacchetta and van Wincoop, 2005; Devereux et al., 2004.

[2] Giovannini A., Exchange rates and traded goods prices, Journal of International Economics, 24 (1/2), 1988, 45 – 68.

[3] Engel (2006).

[4] Goldberg 和 Tille (2008),避险动机是指出口商利用计价货币的汇率与其生产成本的同向运动关系来减少出口收益波动的动机。

际货币在采取量化宽松政策下,贬值幅度较大,出口商在贸易计价货币选择时表现出更强烈的避险动机,例如在替代弹性不高的出口行业,中国、俄罗斯、巴西等国纷纷采用本币计价。

(6) 交易成本

外汇交易成本是出口商品价格的一个有机组成部分。由于不同货币的市场规模、流动性、交易主体差异较大,外汇交易费用往往相差几倍至几十倍。作为贸易的媒介,外汇交易成本不应该对商品价格产生过多的影响,因此,交易成本较低的货币在贸易计价货币选择中具有优势。交易成本越低,被选择为出口计价货币的可能性就越大。与商品贸易相比,规模较大的金融交易对交易成本大小更加敏感,交易成本优势成为压倒性的决定金融交易计价货币的因素[1]。根据 BIS 统计数据,2010 年全球外汇市场的日均交易量接近 4 万亿美元,其中美元拥有高达 43% 的市场份额,无疑是占据主导地位的计价货币。出现这一局面的根本原因是美元交易费用大大低于其他货币,例如,日元兑换美元的交易费用只是日元兑换人民币的交易费用的 0.045,人民币交易费用比美元交易费用高 21 倍,在其他条件不变的情况下,从节约交易费用角度考虑,中国的出口企业肯定不愿选择人民币计价,美元计价可能更符合其经济利益。Rey(2001)还发现,货币的交易成本低还会产生强市场效应(thick market externalities),这使该货币大量出现在各种各样的国际贸易和金融交易之中。然而,需要强调的是,交易费用的影响作用主要体现在金融交易中,在贸易计价货币选择时,交易成本并不是最重要的决定因素,与上述五种因素相比,交易成本对出口计价货币选择的影响力相对较小。事实上,一些欧洲小国受到地缘经济的影响,出口商主要使用欧元计价,并不因为欧元交易费用高于美元而使用美元计价。

---

[1] Swoboda, Alexander K., The Euro – dollar market: an interpretation, International Finance Section, Dept. of Economics, Princeton University, 1968; Robert A. Mundell and Alexander K. Swoboda, Monetary Problems of the International Economy, University of Chicago Press, 1969.

(7) 汇率因素

汇率的波动、币值的升贬，是国际金融市场中最为常见的现象，它直接影响本国货币资产在国际市场上的流动，无疑会对本币国际化使用的途径和程度产生极大的影响。尽管货币发行国的经济实力和国际影响力、金融市场发展程度、价值稳定性是决定该国货币国际化的重要因素，然而汇率变动的趋势和不确定性，则会在一定程度上改变上述因素对货币国际化的作用机制。正因为汇率波动越来越剧烈，才使避险动机在决定贸易货币计价选择中的地位日益提升。一国货币处于升值态势，以本国货币标价的商品相对于其他国家货币的价格上升，会抑制外国交易者用本国货币融资进口本国商品，并降低本币在国际金融市场上的使用程度，因此，出口的增长对该国货币国际化有抑制作用。相反，一国货币处于贬值态势时，出口贸易相对规模的增长对该国货币国际化有促进作用。

除了上述七个因素外，一些非经济因素也会左右贸易计价货币的选择。政治、意识形态上敌对的国家，不会选择对方的货币作为贸易计价货币，即便该货币是主要国际货币也不例外。例如，美国将伊朗列入"邪恶轴心国"，按照国际惯例，石油贸易应该采用美元计价，但是为了规避被美国冻结金融资产的风险，伊朗的石油出口大多采用欧元计价、本币或进口方货币计价，尽可能不使用美元计价。

1.3 国际债券货币选择的理论研究

1.3.1 国际债券市场与货币格局

债券的本质是一种债权债务关系。对于债券的发行方来说，在当期有现金流流入，在未来有现金流流出。对于债券的投资者来说，在当期有现金流流出，在未来有现金流流入。对于国内债券市场上的发行人和投资人来说，他们会考虑综合债券的票面利率、风险及宏观经济基本面等多方面因素，从而形成在债券市场上的最终行为。在这些影响因素的共同作用下，债券供需双方的力量进行博弈，最终形成一个均衡，得到债券品种、票面利率、发行额等的均衡。

国际债券市场是国内债券市场的一个延伸，是将这种债权债务关系放到全球的背景下。此时，影响发行人和投资人在国际债券市场上行动的不仅仅有国内因素，还添加了全球宏观经济因素、国别因素、汇率因素等多种因素。但作用的本质还是一样的：在所有影响因素的共同作用下，债券的发行方和投资方的力量进行博弈，最终形成一个均衡——不仅仅是债券品种、票面利率、发行额等的均衡，还包括币种结构的均衡。

货币在国内使用时，是由国内政府为其背书，国内居民对于国内法定货币并无自主选择权。但在国际上，并没有一个超主权政府来规定市场参与者必须使用何种货币，市场参与者可以自主地选择计价、支付、贮藏货币，这就产生了在国际市场上货币选择的问题。在国际债券市场上币种选择也是如此。债券的发行方和投资方从微观的角度遵从经济人假设，在各种因素的影响下选择使自己效用最大化的债券币种结构，最终形成宏观的国际货币体系。

从国际债券市场发展的历史中可以看出，国际债券币种结构总是处在不断变化中的。曾经在国际债券市场上占据20%以上的货币，如瑞士法郎，可能在10年内降至5%。十几个欧元区国家原货币在国际债券市场上占比总和不大，却可以通过形成统一货币欧元与美元这个货币霸主相抗衡。影响国际债券货币结构的因素在这个过程中起着作用，最终形成了当前我们所在世界的国际债券市场货币格局。下面，我们对于可能影响国际债券市场货币选择的因素进行逐一分析。

1.3.2 国际债券货币选择的影响因素

（1）经济规模

纸币本身是没有价值的，其背后体现的是一国的经济、政治和军事实力。某一国家国内的居民只能无条件地接受政府规定的法定货币，但是其他国家居民如果也选择接受并使用这个国家的货币，就是对这种货币有信心并认同这个货币背后的经济体。一些学者甚至认为国际货币的首要决定因素是一国的经济规模和经济实力。欧元之父蒙代尔就十分赞同经济规模与货币国际化的关系。他认为"欧元区庞大的经济规模，将使欧元在国际市场上与美元并驾齐驱"。一国的经济规模之所以影响该国货币在国际债券市场上地位的原因如下。

较大的经济规模意味着规模大的国内贸易市场和金融市场，国内发达的市场是货币国际化的先决条件之一。拥有较大经济规模的经济体还通常与世界上其他国家有更为密切的贸易和金融往来。更密切的贸易和金融往来中往往伴随着该国货币在其中发挥着计价和结算作用。

随着一国与他国经贸往来的密切，其他国家人民对于其该货币信息不对称的程度也会相应降低，从而增强了人们选择该币种作为计价支付货币的意愿。同时，具有一定规模的经济往往更具有内在稳定性，稳定性能够增加货币吸引力。

在这里我们使用一国的 GDP 来衡量经济规模。对于欧元区，我们使用欧元区国家 GDP 加总来衡量这个经济体的经济规模。从图 1-1 中看，一国的 GDP 与该国货币在国际债券市场上的占比相关关系较为明显。尤其是美国、欧元区和日本三国的 GDP 与其货币在国际债券发行市场上占比的走势较为一致。而瑞士 GDP 占比与瑞士法郎的地位则显现了一定程度的背离关系。我们将在下文的计量模型中更进一步地精确探讨。

(2) 网络效应

网络效应，或称为网络外部性，是 J. Rohlfs (1974) 在对电话网络研究时提出的：如果世界上只有一台电话，这台电话将毫无用处，世界上的电话越多，则电话的用处越大，进而会有更多人使用电话[①]。类比

---

① Mundell (1968) 使用"英语"来解释网络效应，也很形象。他认为英语这种语言相对于其他语种并没有明显的优势，英语之所以能成为国际最通用的语言就是网络效应的作用。

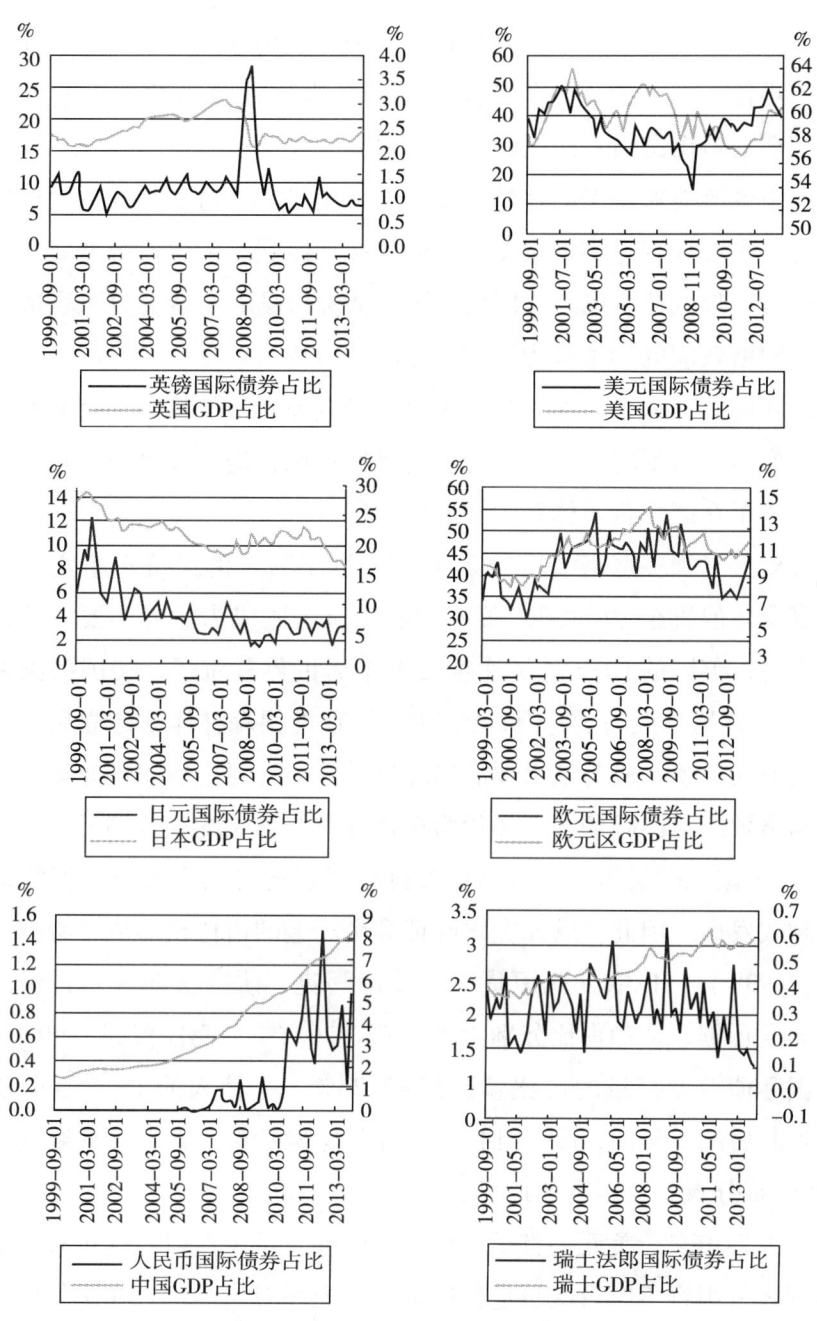

数据来源:BIS、World Bank。

图1-1 各国和地区货币国际债券发行量占比与各国GDP

到货币上也是这样：如果世界上只有一个人使用某种货币，则这种货币将寸步难行，如果越多人使用同种货币，则这种货币的使用范围会越广，甚至会跨出国门走向国际。

网络效应能够带来的好处在于降低使用成本。对于国际债券市场来说，足够大市场容量将带来充足的流动性，使国际债券发行者减少交易搜寻成本、降低持有风险。因此，国际债券市场参与者会更愿意选择一种具有网络效应的货币作为国际债券的计价货币。在某种货币形成很强的网络效应后，如果市场参与者想要更换其他货币使用，则会面临很大的替换成本，这削弱了市场参与者的更换意愿，进一步巩固了具有网络效应的货币在国际货币体系中的地位。

历史上有很多网络效应的案例：18世纪荷兰的经济军事实力已经开始衰弱，但直至19世纪末英镑才取代荷兰盾成为世界主要货币，而在此之前，英国的GDP已经连续几十年居世界首位了；美国的国力在19世纪末就超过英国了，但直至1944年布雷顿森林体系建立后，美元才正式取代英镑，成为最重要的国际货币。欧元诞生后的迅速崛起也是说明网络效应对国际债券市场货币选择有重要影响的绝佳例子。欧元取代了12个国家的货币，通过制度安排在很短的时间内形成了网络效应的跨越式发展，因此，欧元在国际债券市场上的占比也形成了跨越式的发展。1998年，以欧元区原货币（德国马克、法国法郎等）计价的国际债券发行额、余额占比分别为27.2%、26.1%。而仅仅到1999年底，欧元国际债券发行量的占比就达到42.26%——惊人的15个百分点的跳升！其后的5年内，欧元计价的国际债券发行额、余额又继续提升了近10个百分点，直至欧债危机后才有所下滑。

五十多年来，美元一直是最主要的国际货币。然而，近年来日益激烈的国际货币竞争以及次贷危机使美元的光环有所褪色。在次贷危机最严重的时刻，一些评论家甚至认为，美元的时代会很快结束，世界即将迎来一个新的货币体系。然而事实上，直到如今美元依旧保持着强大的生命力，在多数货币职能方面依然占据不容动摇的主导地位，这就与网络效应有着紧密不可分的关系。也许未来美元的力量会被慢慢削弱，但是从网络效应的角度考虑，这个时间会很漫长，就如同当年英镑取代荷兰盾及美元取代英镑的漫长过程一样。

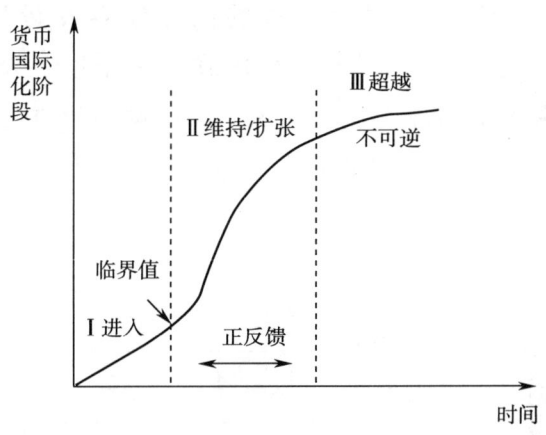

图1-2 货币国际化阶段

一种货币网络效应的程度可以划分为三个阶段：进入期、扩张期和超越期。之所以对网络效应程度进行划分是因为在不同阶段，网络效应会呈现出不同的特点。其中，正反馈这一机制只有在网络效应进入扩张期以后才会出现。

正反馈是网络效应的自我增强机制。要实现正反馈，需要达到一些条件，包括使用成本大小及达到网络效应扩张期的临界点。使用成本包括与其他货币相比的利差、交易费用差别等。如果持有某种货币所享受的网络效应收益不足以抵消使用成本的增量，那么网络效应的存在并不必然形成正反馈。临界点指的是网络效应能够自发地引起正反馈所需要达到的市场容量的大小。Oomes（2001）曾经对美元做过研究，发现要引起美元化的正反馈，需要美元在市场上的占比达到35%以上，同时还要求交易成本在一定水平以下。

网络外部性对于货币选择的影响往往如此之大，以至于其他的一些影响因素，例如一国的经济规模、汇率、利率等，对于国际债券计价货币选择的影响反而被削弱了。一个典型的例子就是一国的 GDP 水平与该国货币国际债券占比的静态关系。从图 1-3 中可以看出，货币选择占比相较于 GDP 占比明显更为集中。例如，2012 年，美国的 GDP 占全球的比重为 22.42%，但美元计价的国际债券发行量的占比高达 44.3%。欧元区也是如此，欧元区 GDP 在全球占比 17.28%，但其货币计价债券在国际债券市场占比高达 37.1%。网络效应造成的反面例子是中国和日本，这两国的 GDP 在全球占比远高于其货币在国际债券市场上的占比。

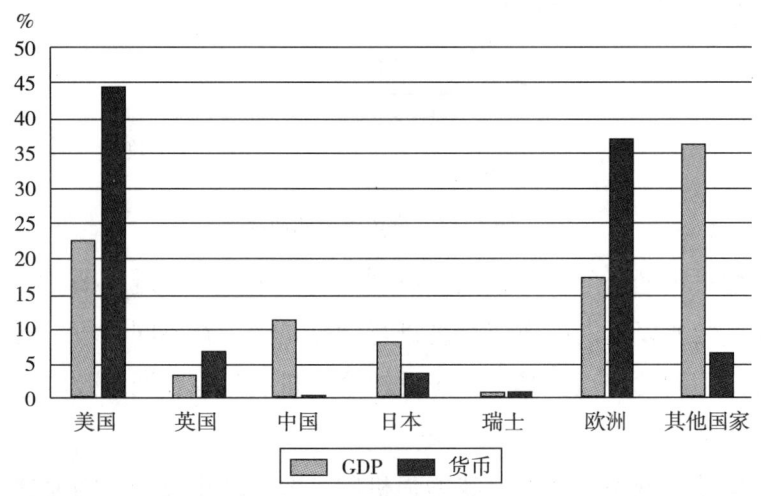

数据来源：BIS、World Bank。

图 1-3　2012 年各国 GDP 占比和货币在国际债券发行市场占比

（3）币值的稳定性

币值稳定的货币才能保证正常的购买力，这是货币作为国际货币的基本要求。如果一种货币的币值频繁变动，人们就会对其丧失信心，从而减少对它的使用。过去的一些历史故事验证了上述论述。例如，20 世纪 70 年代末，以德国马克计价的国际债券发行额占比高达 22%，部分原因就是在 20 世纪 70 年代德国马克建立了比美元更好的通货膨胀记录。汇率水平衡量的是对外币值的稳定，货币的通货膨胀率则反映的是对内币值的稳定。这里，我们先重点讨论对内币值的稳定，而将汇率水平放到下一节中讨论。

在国际上，一种币值稳定的货币通常更容易被用作计价支付手段，尤其是对于资产计价来说，更是这样。这是首先出于使用成本考虑，使用一种币值经常剧烈波动或未来波动方向非常不确定的货币，将给交易双方增加很多成本。这些成本包括资产询价、竞价等方面的信息成本及核算费用。

其次，国际债券市场参与者偏好币值稳定的货币是出于保值的需要。国际债券市场投资者常常以国际债券形式持有该种货币，作为国际储备。而只有以币值坚挺或稳定的货币计价的国际债券才可能成为国际储备——格雷欣法则告诉我们，当劣币和良币同时流通于市场时，人们会自发地将良币储藏起来。用存在通胀风险的货币计价的国际债券作为国际储备，将会造成价值的缩水。前些年我国国内热烈讨论的美债储备贬值问题就反映了货币不稳定带来的风险。因此，币值不稳定会削弱国际债券市场投资者对以该货币计价的国际债券的需求。

最后，人的风险厌恶偏好决定了人们倾向使用币值稳定的货币。市场参与者除了少数的短期投资者外，多数是机构投资者、各国央行等中长期投资者。这些中长期投资者不希望承担汇率风险。因此，这些风险厌恶的国际债券市场投资者会偏好以稳定货币计价的国际债券。

综上所述，我们认为币值稳定对于货币在国际金融市场上的受欢迎程度有影响。我们使用通货膨胀率来作为币值稳定的代理变量，从上述时间序列图中并不能直观地看出两个变量之间的关系，接下去我们会对货币稳定与国际债券币种选择的关系做进一步探索。

（4）汇率

理论上，如果满足非抛补利率平价和抛补利率平价，国际债券的发行人和投资人对于未来汇率和利率的变动趋势有较为一致的预期，并且

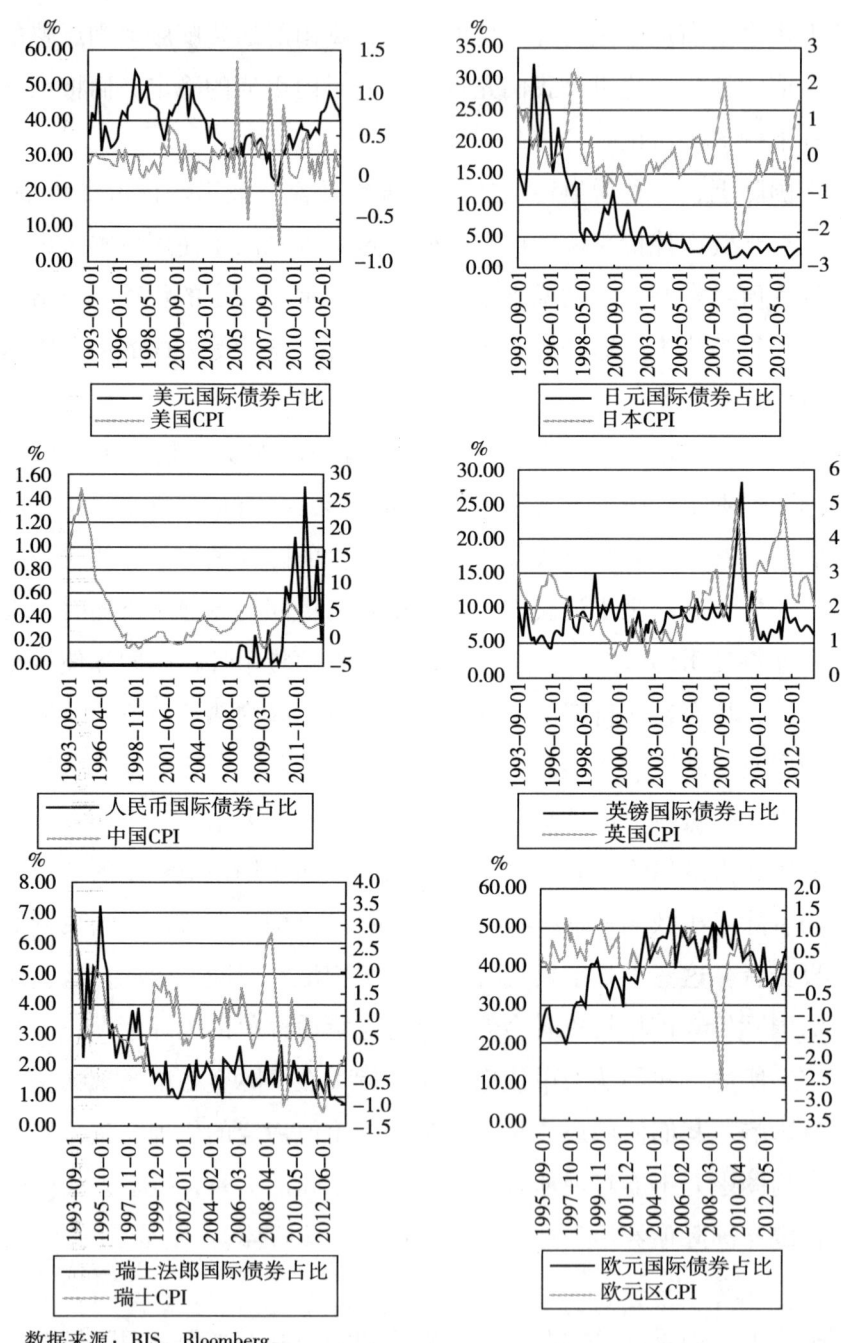

数据来源：BIS、Bloomberg。

图1-4 各国和地区货币国际债券发行量占比与各国CPI

对汇率风险暴露具有相同风险偏好，那么某种货币国际债券的发行量将不受到利差及汇率变动趋势的影响。但在实际中，这两个因素可能会对国际债券市场币种选择产生影响，原因如下。

首先，国际债券的发行人和投资者可能会对不同货币的预期汇率变动是否能够完全对冲利息差产生意见分歧。虽然经典的教科书认为存在非抛补利率平价，但是许多实证都证明了汇率变动与利差之间的关系不强。由于非抛补利率平价并非完全成立，投资于高利率货币债券会有一个正回报，而发行低利率货币债券则对于发行者有利。

其次，从心理上说，人们普遍认为一种弱势货币在未来有更大可能性将继续走弱，而一种强势货币则更有可能继续走强[①]。因此，风险厌恶的投资者会更愿意购买使用强势货币标价的债券，尽管这种投资可能并不比投资于弱势货币债券有更高的期望收益。所以，如果债券发行人比投资者有更强的风险偏好，这些发行人可以通过发行以货币处于历史高位标价的国际债券，来满足投资者的风险偏好——当然，付出更低的利率水平作为发行人自己的"补偿"。

最后，抛补利率平价（covered interest parity，CIP）也不完全成立。由于某些市场可能缺乏足够的流动性或市场隔断，价格扭曲造成的套利机会并不能很快被人们使用。

虽然汇率会对国际债券币种结构产生影响，但是汇率对不同币种国际债券占比的影响方向并不相同，甚至在不同的时间段内也未必固定。因为汇率水平高低与货币在国际债券市场占比多少是正相关关系还是负相关关系取决于在这个市场上债券发行者与投资者对于汇率敏感性大小（或者说是汇率风险偏好的高低）。如果国际债券市场上投资者对汇率更为敏感，则某种货币的汇率处于高位时，该货币国际债券占比会上升。从图1-5中可以看出，美元、欧元、人民币正是这样的市场。

根据以上的理论，我们希望从历史数据图直观地考察国际债券货币

---

① Dunis、Lequeux（2001）以及Pagès（1996）的研究都证明了市场是这样看问题的。

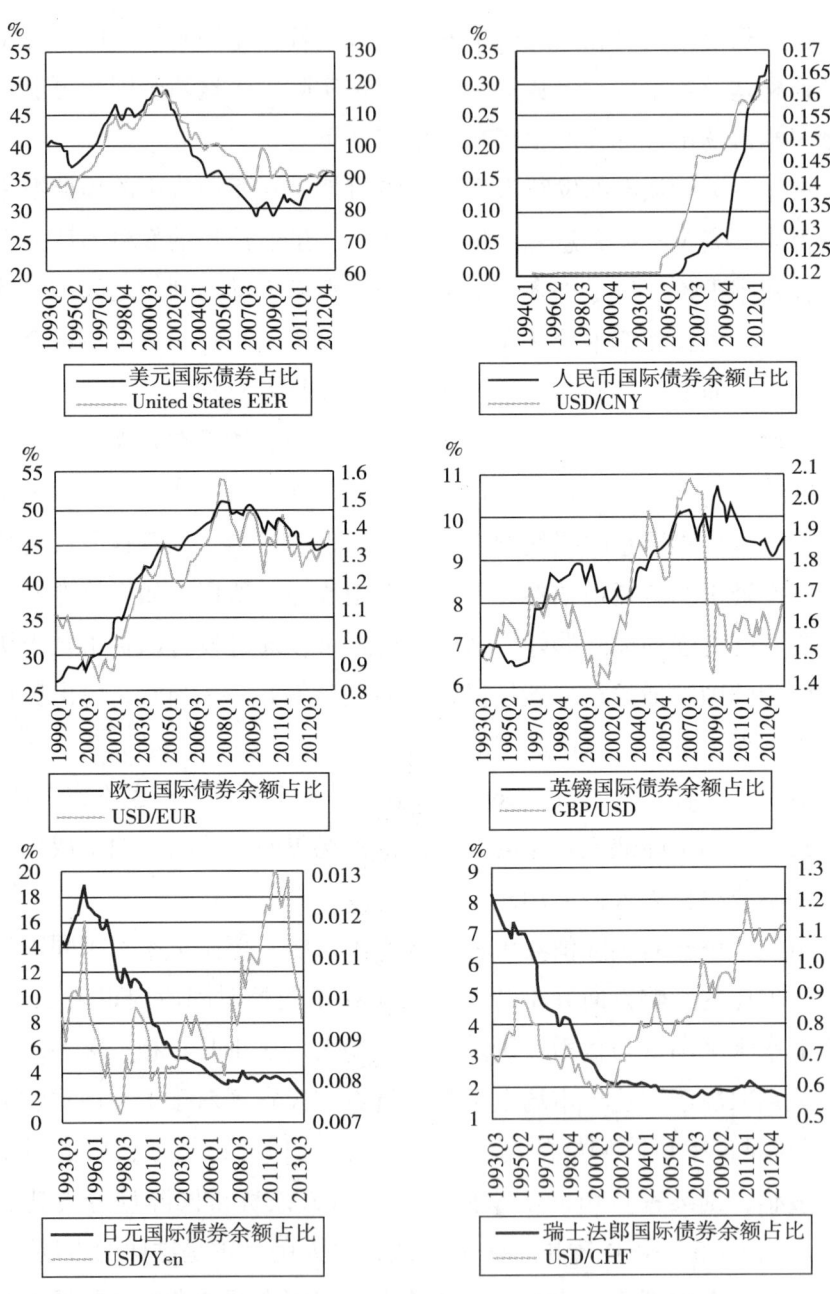

数据来源：BIS、IMF。

图1-5 各国和地区货币国际债券发行量占比与汇率

选择与汇率之间的关系。除了美元之外的其他币种，我们均采用对美元的间接标价法来标价，以便于更直观地考察汇率升贬值与国际债券币种占比的关系。对于美元，我们使用美元的名义有效汇率（Nominal effective exchange rate）来衡量。

从图1-5中可以看出，对于美元、欧元、人民币这三种货币，货币的汇率水平与货币在国际债券市场上的占比有一定的正相关关系。对于日元和瑞士法郎，在1993年至2002年之间的相关关系较为明显。但2002年以后，日元和瑞士法郎的汇率与国际地位走势发生显著偏离。我们在下文的计量模型中将更进一步地精确探讨。

（5）利率

与汇率的情况类似，在抛补利率平价和非抛补利率平价不成立之时，投资者和发行者会根据币种利差的情况来选择国际债券币种。如果一种货币的利率较高，则筹资方会避免以这种货币发行债券，从而试图降低筹资成本。债券市场上的投资者则会寻找在一定风险范围内更高利率的债券。一种货币与其他货币利差对于该货币作为国际债券市场计价货币的影响方向也不固定。利差水平高低与货币国际债券占比是正相关还是负相关取决于在这个市场上债券发行者与投资者对于利率敏感性的大小（或者说是利率风险偏好的高低）。如果国际债券市场上发行人对利率更为敏感，则某种货币的利率处于高位时，该货币国际债券占比会下降。

我们从历史数据中直观地考察一下不同货币利差与其在国际债券发行量中占比的关系。这里，我们使用各国10年期国债收益率与美国10年期国债收益率的利息差作为指标。对于美国，使用与德国10年期国债收益率的利差。从图1-6中可以看出，美国及中国国债利率与美元及人民币债券占比呈现可能的正相关关系，而欧元区国债利差与其国际债券占比存在可能的负相关关系。我们在下文的计量模型中将更进一步地精确探讨。

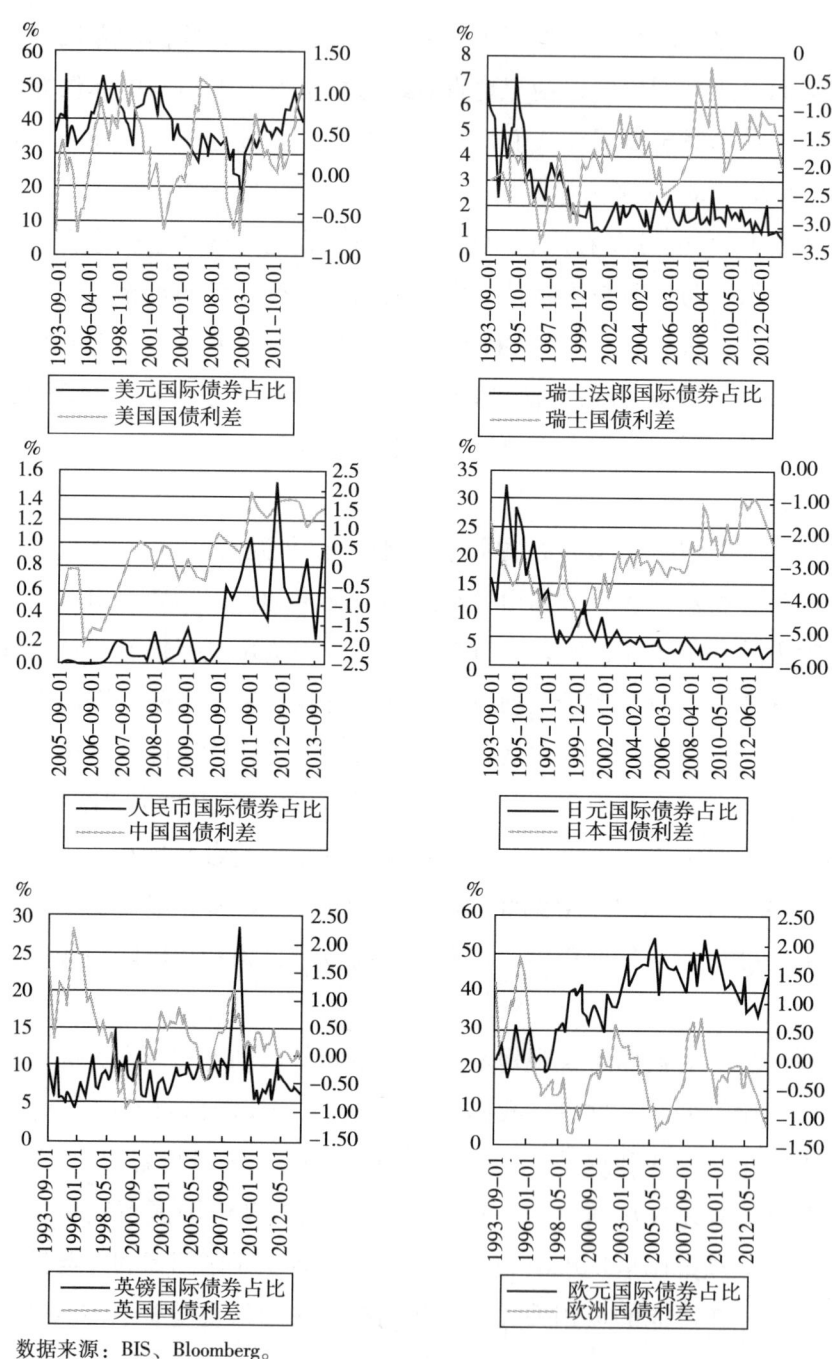

数据来源：BIS、Bloomberg。

图1-6 各国和地区货币国际债券发行量占比与利率

(6) 风险管理需求

从债券发行人的风险管理需求的角度考虑，债券发行人会倾向选择自己未来将获得的外币现金流入的那个币种作为发行债券的币种。因为这样，通过本金和利息的兑付，债券发行人能够对冲风险。

1995 年美国银行关于衍生品和公司风险管理的圆桌会议上，Tom Jones，Union Carbide 公司的副总裁说："我们无处不在使用这种自然对冲方式——例如，我们用销售当地的货币筹资，或者直接将生产制造过程搬到销售地。当然除此之外，我们还需要使用金融工具来对冲风险。"

举一个例子，一个中国公司未来会获得 1 000 万美元的收入，那么这家中国公司就有美元外汇风险。通过发行美元债券，这个公司就创造了以美元计价的资产和负债，或者说就产生了流入和流出两个方向的美元现金流。未来，如果美元贬值，那么资产的价值会减少，但负债的价值会增加。这样的结构就能部分或全部对冲美元对人民币汇率波动对公司盈利的影响。

近年来，金融衍生工具的使用越来越广泛，这部分削弱了风险管理因素对于国际债券货币选择的影响，因为通过金融衍生工具可以管理资产负债货币错配的风险。但是风险管理需求仍然不失为一个可能影响国际债券货币选择的因素。对于这个影响因素没有直接的数据，需要用一些代理变量来衡量，我们将在下文的模型设置中具体讨论这一问题。

从各国进口数据与国际债券占比情况来看，两者存在一定的正相关关系，即进口在国际中的占比减少，国际债券占比也将下降。从各国 FDI 与国际债券占比来看，中国和英国的 FDI 与相应币种国际债券占比的正相关关系比较明显。美国 FDI 与美元债券占比由一定的负相关关系，而其他国家或地区 FDI 与国际债券占比的相关关系不明显。

第 2 章　人民币作为贸易计价结算货币现状分析

2.1　人民币跨境贸易计价结算历史回顾与现状分析

2.1.1　人民币跨境贸易计价结算历史回顾

纵观主要国际货币的成长史，货币国际化进程通常会经历贸易结算货币，继而成为投资标的货币，最终自然地成为国际储备货币。人民币跨境贸易计价结算是描绘人民币国际化蓝图的起始之笔。

人民币跨境贸易计价结算破冰于 2009 年 4 月，国务院会议正式决定，在深圳、上海、广州、东莞、珠海等城市开展跨境贸易人民币结算试点，揭开了人民币跨境贸易计价结算之幕。试点过程中，央行一方面通过现有的反洗钱手段以及人民币存款账户相关管理制度对金融机构和试点贸易企业进行监管；另一方面建立人民币跨境计价结算的收付信息系统，逐笔收集并保存与跨境贸易人民币计价结算有关的数据和信息，方便对人民币跨境收付情况进行统计、监测和分析。2011 年 8 月 23 日，人民银行、财政部等几大部委联合发布《关于扩大跨境贸易人民币结算地区的通知》，明确跨境贸易人民币计价结算境内地域范围扩大至全国。回顾人民币跨境贸易计价结算业务推进历史，呈现出以下几个特点。

（1）分阶段稳步推进

人民币跨境贸易计价结算是我国贸易领域的新生事物，涉及国内的进出口企业、海关、商务部、外汇管理局、商业银行等多个主体和国外贸易伙伴，需要在摸索中不断总结经验，不断完善改进。跨境贸易人民币结算业务经过了三个发展阶段。

第一阶段：小范围试点。2009年7月，上海市和广州市、深圳市、珠海市、东莞市的三百多家企业进行人民币跨境贸易计价结算试点。首批试点的境外区域确定为港澳和东盟。

第二阶段：扩大试点区域。2010年6月，在总结先期试点的基础上，人民币跨境贸易结算试点范围由上述5个城市扩大到20个省市（自治区、直辖市），同时将境外区域范围扩大到所有国家和地区，人民币跨境贸易计价结算的试点业务范围包括跨境货物贸易、服务贸易以及其他经常项目。

第三阶段：全面启动人民币跨境贸易计价结算。2011年8月，跨境贸易人民币结算境内地域范围扩大至全国，中国境内任何一个地区、任何一家企业对全球其他国家和地区的跨境贸易都可以用人民币计价结算。

（2）规模迅速扩大

据央行统计，2011年银行业累计办理跨境贸易人民币结算业务2.09万亿元，比2010年的5 064.1亿元增长了3倍多；2012年银行业累计办理跨境贸易人民币结算业务2.94万亿元，比2011年增加0.85万亿元。

2011年中国年度贸易总额中以人民币作为结算货币的部分占比达8.9%，较2010年的2.5%有大幅提升。人民币结算在进出口总额中的份额达到15.6%。2012年2月6日，中国人民银行、财政部、商务部、海关总署、国家税务总局和银监会联合发布《关于出口货物贸易人民币结算企业管理有关问题的通知》，将开展出口货物贸易人民币结算业务的范围扩大到所有具有进出口经营资格的企业。同年6月，上述六部委审核下发了出口货物贸易人民币结算重点监管企业名单，参与跨境人民币业务的金融机构数量的扩大以及贸易主体的放宽,使越来越多的企业可以从人民币贸易结算中获得规避风险、降低成本的好处。

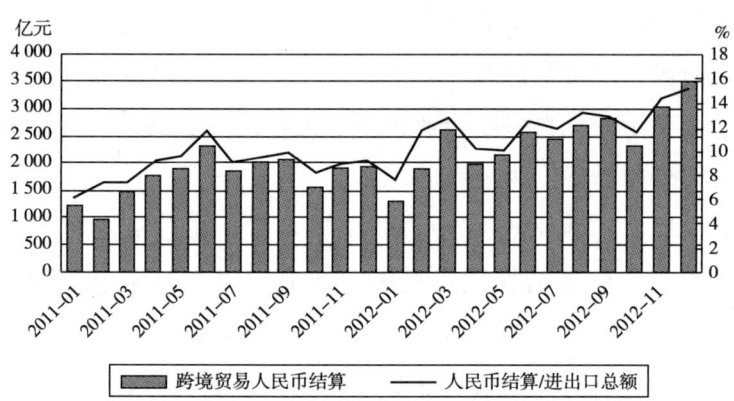

数据来源:中国人民银行、中国商务部相关资料。

图 2-1 跨境贸易人民币结算规模

(3) 以货物贸易结算为主,服务贸易取得明显提升

在中国的贸易结构中,货物贸易占据绝对优势,与此相对应,跨境贸易人民币结算也是以货物贸易为主。在 2010—2011 年人民币跨境贸易结算构成中,货物贸易的占比分别为 86.5% 和 75.1%。同期服务贸易和其他经常项目占比分别为 13.5% 和 24.9%。2012 年货物贸易人民币结算余额为同期贸易总额的 8.4%,其中货物贸易结算额 2.06 万亿元,占比为 64.1%,服务贸易和其他经常项目结算额 1.16 万亿元,占比为 35.9%。尽管服务贸易人民币计价结算规模不大,但是增长迅猛,呈现稳步上升趋势,比 2011 年上升了 11 个百分点。

(4) 收付失衡状况逐步改善

当今国际贸易市场的一大特点是以买方市场为主,进口方在大多数的商品贸易中,具有确定计价结算货币等贸易条件的相对优势,可以主导结算货币的选择。因此,在中国的进口贸易中企业更容易选择人民币计价结算。在出口贸易中企业如果希望用人民币结算,就必须说服国外的进口商接受人民币,这需要更长的时间。要改变企业的贸易结算习

第 2 章
人民币作为贸易计价结算货币现状分析

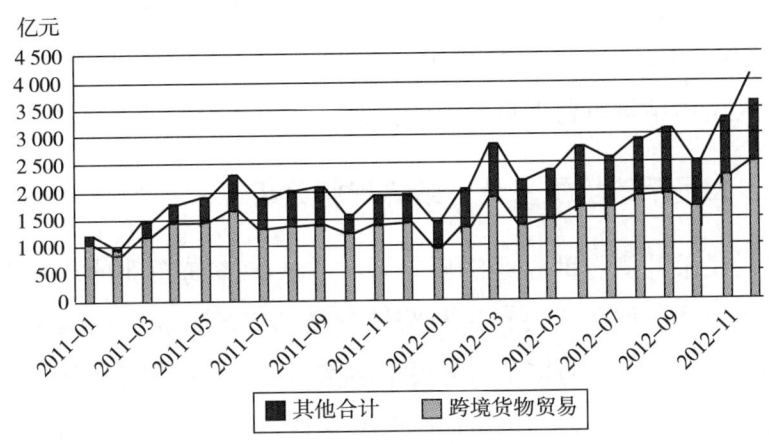

数据来源：中国人民银行、中国商务部相关资料。

图 2-2　货物贸易和服务贸易人民币结算规模变化趋势

惯，难度相对更大。中国人民银行有关数据显示，2010 年跨境人民币业务货物贸易总量中，进口人民币结算比例为 92%，出口人民币结算比例为 8%。进出口人民币结算额之所以严重失衡，原因可能有两个，其一是跨境贸易人民币结算尚未全面铺开；其二是中国的贸易伙伴对接受人民币进行贸易结算存在一段时滞。要赢得国外企业对人民币的信任，还需要时间和我们不懈的努力。

2011 年，进出口人民币结算量失衡的情况有所改善，进口人民币结算占比降到 78%，出口人民币结算上升至 22%。在货物贸易人民币结算项目下，出口结算额和进口结算额之间的差距正在不断收窄。总体而言，人民币跨境贸易结算收付失衡状况已经明显改善。全年收付比从 2010 年的 1:5.5 上升至 1:1.7①。2012 年，人民币进出口结算失衡情况明显改善，进口人民币结算占比降到 55%，出口人民币结算占比上升至 45%，进出口人民币结算比例相差 10 个百分点，与欧元、日元、英镑等主要货币在本国进出口结算中的情况基本一致。尤其是在货物贸易

---

① 中国人民银行，《中国货币政策执行报告》2011 年第四季度。

人民币结算中，出口结算额和进口结算额之间的差距正在不断收窄，收付比从 2011 年的 1:1.7 上升至 2012 年 12 月的 1:1.2，意味着 2011 年跨境贸易人民币结算收付严重失衡的状况得到进一步改善。

2.1.2 人民币跨境贸易计价结算现状分析

受人民币升值、世界经济疲软影响，中国贸易企业的成本不断攀升，强化了企业使用人民币进行跨境贸易结算的动机，以减少汇兑成本，规避汇率风险。跨境贸易人民币结算不仅已经扩展至全国，而且规模持续扩大，越来越多的进出口企业享受到了使用人民币结算带来的贸易、投资便利，跨境人民币结算业务进展顺利。

截至 2013 年 12 月，跨境贸易人民币计价结算的发展进程呈现出以下几个特点。

（1）规模继续扩大，结算额与结算比例快速上升

人民币结算金额稳定增长，在进出口总额中的占比上升较快（见图 2-3）。2013 年前三个季度银行业累计办理跨境贸易人民币结算业务 3.15 万亿元，比 2012 年增加 1.05 万亿元，增长幅度达到 50%，人民币结算在进出口总额中的份额达到 22.26%，明显高于 2012 年末的 14%。

跨境贸易人民币结算额的上升一方面得益于货币互换政策。2013 年 10 月 9 日，我国央行与欧洲央行签署了中欧双边本币互换协议，规模为 3 500 亿元人民币/450 亿欧元。与欧洲央行建立双边货币互换安排，可为欧元区人民币市场发展提供人民币流动性支持，促进人民币在境外市场的流通使用，也有利于贸易和投资交易的便利化。

跨境贸易人民币计价结算额的上升另一方面得益于上海自贸区的建成。中国（上海）自由贸易试验区于 2013 年 8 月 22 日经国务院正式批准设立，在 9 月 29 日正式启动。央行关于支持该试验区建设的意见中明确指出要以此地作为人民币扩大跨境使用的试验区，并推出 3 项具体

实施方案：上海地区银行业金融机构可在"了解客户"、"了解业务"和"尽职审查"几项原则基础上，凭区内机构和个人提交的收付款指令（重点监管名单内的企业除外），直接办理经常项下和FDI项下的跨境人民币结算业务；上海地区银行业金融机构可与区内持有互联网支付许可的支付机构合作，按照相关政策规定，为跨境电子商务提供人民币结算服务；根据经营需要，区内企业可以开展集团内双向人民币资金池业务，为其境内外关联企业提供资金归集服务。上海自贸区的建成及相关政策的实施将进一步推动人民币在跨境贸易结算中的运用。

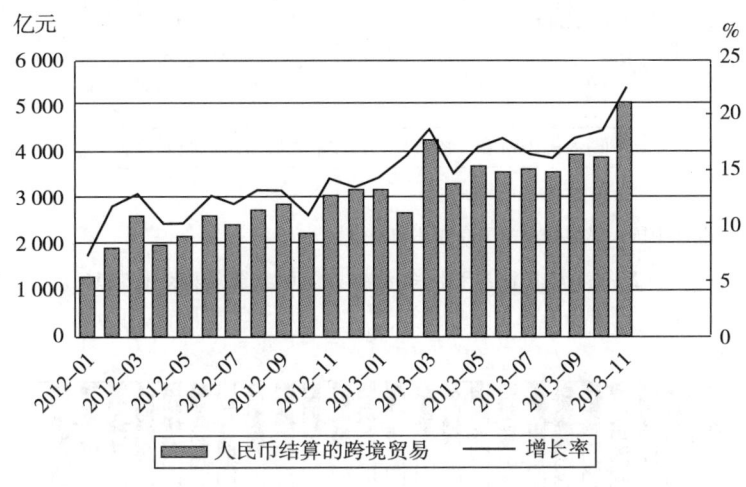

数据来源：中国人民银行、中国商务部相关资料。

图2-3 跨境贸易人民币结算规模

（2）以货物贸易结算为主，服务贸易结算比例小幅下降

货物贸易在中国的贸易结构中占据绝对优势，与此相对应，跨境贸易人民币结算也是以货物贸易为主。2013年对外贸易人民币结算余额为同期贸易总额的17.3%，其中货物贸易结算额2.67万亿元，占比为66.04%，服务贸易和其他经常项目结算额1.37万亿元，占比为33.97%。服务贸易人民币结算金额明显增加，较2012年全年总量上涨约80%，增长迅速，但服务贸易占比相对稳定（见图2-4）。服务贸易

人民币结算规模的进一步扩大，表明中国经济发展方式转型取得了初步成效，但服务贸易人民币结算比例的小幅下降表明未来改革可能进入瓶颈期。

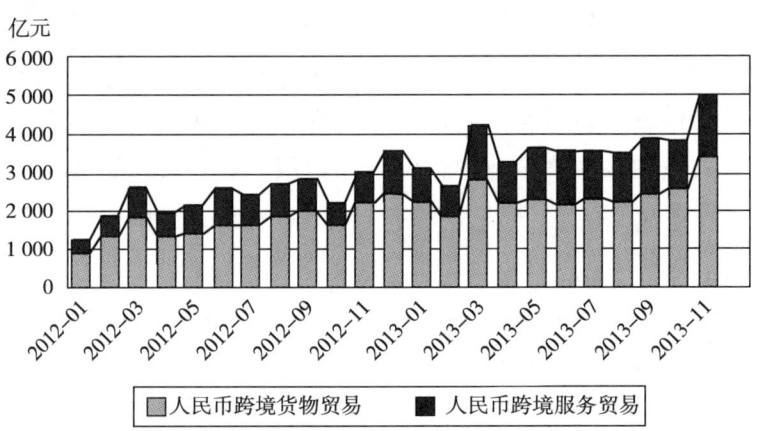

数据来源：中国人民银行、中国商务部相关资料。

图 2-4 货物贸易和服务贸易人民币结算规模变化趋势

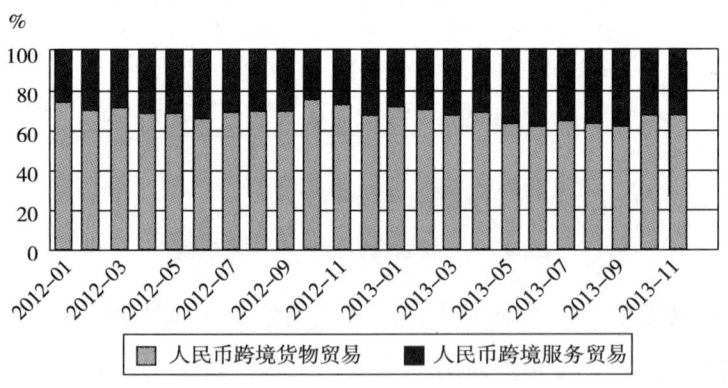

数据来源：中国人民银行、中国商务部相关资料。

图 2-5 货物贸易和服务贸易人民币结算比例

（3）收付情况基本稳定

2013 年前三个季度，进出口人民币结算失衡情况较 2012 年略有恶化，进口人民币结算占比升至58%，出口人民币结算下降至42%。进出口人民币结算比例相差16个百分点，较欧元、日元、英镑等主要货币在本国进出口结算中的情况略高。在货物贸易人民币结算中，出口结算额和进口结算额之间的差距在2012年明显收窄之后略有上升，收付比从2012年的1∶1.2上升至2013年12月的1∶1.37，但较2011年的1∶1.7收支状况仍较为平衡，意味着2013年跨境贸易人民币结算比例趋于稳定，将进入动态平衡期。

2.2　人民币跨境贸易计价结算份额测算模型

成为跨境贸易计价结算货币是货币国际化的基础，也是人民币国际化的第一步。随着世界贸易格局的调整，中国贸易的国别与产品结构等也呈现出新的特点，人民币国际化面临新的机遇与挑战。基于贸易格局的重大变化，本部分对人民币贸易结算份额进行简单预测，以扩大人民币贸易结算为路径，寻找人民币国际化的理想突破口。

2.2.1　基本假设

基于对中国贸易结构与国际贸易格局的分析，对人民币贸易结算份额的预测可以作出如下合理假设。

（1）人民币贸易结算主要发生在中国与他国的双边贸易中

人民币目前仍无法实现自由流通兑换，汇率市场化改革也正在进行中，人民币尚不具备主要国际货币的地位。因此可以认为，人民币作为其他国家间贸易中介货币的可能性非常小，国际间跨境贸易中介货币目前主要使用美元和欧元等主要国际货币。因此假设人民币跨境贸易结算主要发生在我国与其他国家的贸易结算中是较为合理和现实的。

（2）六大经济体是接纳人民币贸易结算的主体

国际货币体系存在很大的网络外部性，表现为历史惯性。在发达国家贸易之间，人民币实现计价结算的可能性相当小，目前还没有取得很大进展。但是，2008年以来，我国的周边国家和与我国经贸关系良好的发展中国家对我国贸易的依赖度逐步提高。主要包括六大经济体，上合组织国家①（包括哈萨克斯坦、吉尔吉斯斯坦、塔吉克斯坦、俄罗斯）、东盟十国（包括菲律宾、柬埔寨、老挝、马来西亚、泰国、新加坡、印度尼西亚、越南、文莱、缅甸）、金砖国家（包括巴西、印度）、日本与韩国、拉美五国②（包括哥伦比亚、墨西哥、智利、阿根廷、委内瑞拉）、非盟十一国③（包括阿尔及利亚、安哥拉、埃及、埃塞俄比亚、加纳、肯尼亚、利比亚、尼日利亚、南非、苏丹、突尼斯）。

表2-1　　　　　六大经济体进出口贸易对象占比　　　　　单位:%

年份	2003	2004	2005	2006	2007	2008	2009	2010	2011	2012
东盟十国										
欧盟	12.9	12.6	11.4	11.4	11.6	10.8	11.2	10.3	10	10.2
美国	14.6	13.2	12.4	12.2	11	9.7	9.7	9.2	8.4	8.1
日本	14	13.4	12.3	11.2	10.8	11.1	10.4	11	10.7	10.3
中国	7.6	8.3	9.1	9.8	10.6	10.4	11.7	12.1	14.1	13
上合组织国家										
欧盟	47.4	50.3	51.7	53.5	48.8	49.7	44	46.1	41.9	39.6
美国	4.5	4.6	3.6	3.5	3.1	3.6	3.5	3.5	3.3	2.8
日本	2.1	2.9	2.7	2.8	3.4	3.7	2.9	3.5	2.5	2.4
中国	6.5	6.5	6.3	7	7.8	8.2	10.4	11.4	11.7	11.8
金砖国家										
欧盟	24.1	22.4	21.3	20.3	20.8	18.4	19.3	17.6	17.3	16

① 上合组织国家由五国构成，分别为俄罗斯、哈萨克斯坦、塔吉克斯坦、吉尔吉斯斯坦以及乌兹别克斯坦，但是乌兹别克斯坦的贸易经济数据不可得。

② 拉美共34个国家和地区，其中巴西、墨西哥、委内瑞拉、阿根廷、哥伦比亚、智利六国在拉美国家GDP中占比接近90%，而巴西纳入金砖国家统计，因此以哥伦比亚、墨西哥、智利、阿根廷、委内瑞拉五国作为拉美国家的代表。

③ 非洲联盟由54国构成，其中南非、尼日利亚、埃及、阿尔及利亚、利比亚、安哥拉、苏丹、突尼斯、肯尼亚、加纳为近10年GDP总和最大的十国，考虑到埃塞俄比亚在非盟中的重要地位以及近年来经济的快速增长态势，故以该十一个国家来代表非盟。

续表

年份	2003	2004	2005	2006	2007	2008	2009	2010	2011	2012
金砖国家										
美国	17.2	15.3	14.2	13.2	12.8	10.7	10.3	9.5	9.8	9.6
日本	3.6	3.2	3.1	2.9	2.8	2.7	2.8	2.9	2.9	2.8
中国	5.2	5.8	6.6	7.7	8.9	8.8	10.6	12.2	12.5	11.5
日韩										
欧盟	14.1	14	13.1	12.5	12.8	11.6	11.5	10.4	10.1	9.6
美国	19.3	17.6	16.5	15.8	14.6	12.6	12.2	11.9	11	11.7
日本	4.4	4.5	4.4	4.2	4	3.7	3.9	3.9	3.9	3.8
中国	15.5	16.5	17.4	17.7	18.5	18.2	20.4	20.8	20.5	19.9
拉美五国										
欧盟	10.6	10.2	10.7	11.2	11.4	11.7	11.3	10.4	10.2	9.8
美国	60.3	56.1	53.9	51.7	48.3	47.5	46.8	46.8	45.9	50
日本	2.9	3.3	3.5	3.5	3.5	3.1	2.9	3.2	2.5	2.2
中国	3.8	4.6	5.1	5.7	7.2	7.6	9.3	10.6	8.3	9.8
非盟十一国										
欧盟	44.2	42.8	40.1	38.5	37.6	37.6	36.9	35	32.8	33
美国	13.1	12.9	15.6	16.1	15.6	14.3	11.7	12.5	12.2	9.5
日本	3.8	4	3.5	3.6	3.4	3.2	2.4	2.6	2.5	2.7
中国	4.4	5.9	6.8	7.9	9	8.4	10.8	11	11.1	14

注：俄罗斯纳入上合组织统计，在金砖国家中略去；南非纳入非盟十一国统计，在金砖国家中略去；巴西纳入金砖国家统计，在拉美国家中略去；日韩贸易对象占比统计中日本份额即为韩国对日贸易份额。

数据来源：IMF – Direction of Trade Statistics (DOTS)。

从图 2-6 可以看出，近十年来，六大经济体的贸易对象构成呈现出欧、美、日等发达国家占比逐渐下降、中国的贸易占比逐年显著提高的趋势。东盟十国贸易中我国进出口占比从 2003 年的 7.6% 上升至 2012 年的 13%，上合组织国家贸易中我国贸易占比从 2003 年的 6.5% 上升至 2012 年的 11.8%，金砖国家贸易中我国占比从 2003 年的 5.2%

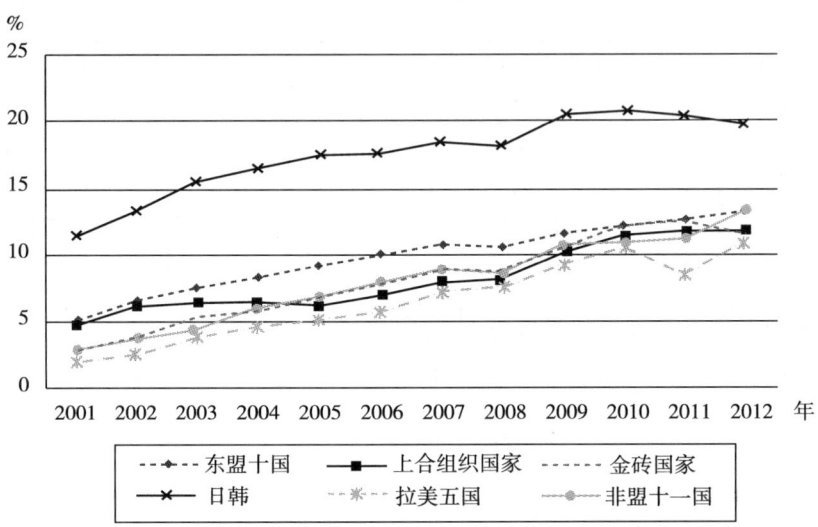

数据来源：IMF – Direction of Trade Statistics（DOTS）。

图 2-6　六大经济体对华贸易占比趋势图

上升至 2012 年的 11.5%，日韩贸易中我国的占比从 2003 年的 15.5% 上升至 2012 年的 19.9%，拉美五国贸易中我国的占比也从 2003 年的 3.8% 上升至 2012 年的 9.8%，非盟十一国贸易中我国的占比从 2003 年的 4.4% 上升至 2012 年的 14%。在以上国家的贸易中我国的贸易占比增长迅猛，而美、欧、日等发达国家占比则存在下滑趋势。如图 2-6 所示，六大经济体对华贸易占比稳步提升，其年均增长速度分别为 9.1%、8.5%、13.3%、5.1%、15.5% 和 15.0%。截至 2012 年底，六大经济体对华贸易在其贸易总额中所占比重分别达到 13.0%、11.8%、11.5%、19.9%、9.8% 和 14.0%。随着六大经济体对我国贸易依赖度的上升，人民币在双边贸易中的使用可能性也逐步扩大。

（3）人民币结算需求呈现逐年增长的趋势

受到 2008 年国际金融危机的拖累，全球经济增长乏力，我国与六大经济体贸易和 GDP 增速都有所降低。如图 2-7 所示，中国进出口贸易规模呈现出稳步扩大趋势，只在 2009 年有明显下降，其后的三年仍然保持既往的增长势头。截至 2012 年底，中国进出口贸易规模达 24.4 万亿元，2002—2012 年贸易规模年均增长率达 16.9%。伴随着经济平稳增长，贸易结构持续优化，我国贸易水平在量与质方面都可以期待进一步改善。

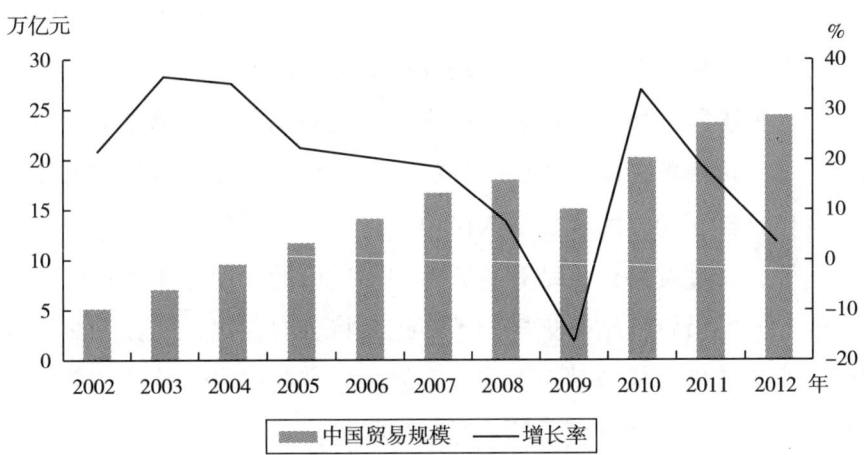

数据来源：中国商务部相关资料。

图 2-7　中国进出口贸易增长趋势图

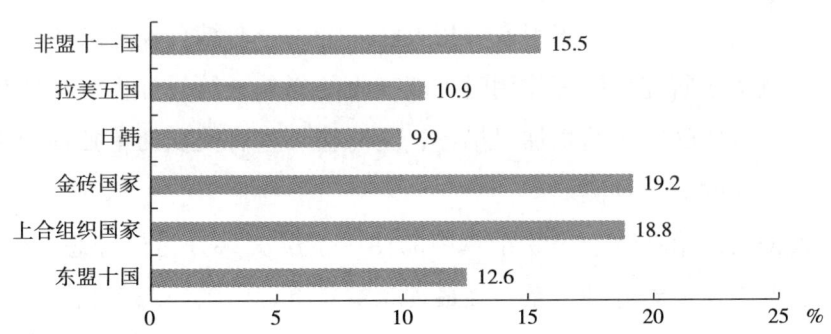

数据来源：IMF – Direction of Trade Statistics (DOTS)。

图 2-8　2002—2012 年六大经济体贸易规模年均增长率

后金融危机时代，国际贸易格局呈现新兴市场国家崛起、贸易中心转移等特征。近十一年以来，六大经济体贸易规模稳步提升。如图

2-8所示，非盟十一国、拉美五国、日韩、金砖国家、上合组织国家与东盟十国的年均贸易增长率分别为15.5%、10.9%、9.9%、19.2%、18.8%与12.6%，贸易均实现了突出的增长，并保有继续上升的潜力。预计六大经济体，特别是东盟、拉美国家、金砖国家与上合组织国家，贸易规模将不断扩大，在新的国际分工中找到贸易增长点，而非盟国家也将随着大规模的开发合作，实现经济贸易的不断增长。

随着中国跨境贸易制度、设施进一步完善和金融市场改革的不断深入，人民币跨境贸易结算软硬条件将不断优化，加之我国与六大经济体经贸合作日益密切，跨境贸易人民币计价结算需求将会实现稳步增长。

此外，跨境贸易计价结算与其他国际货币的职能是相辅相成、互相影响的。人民币贸易结算规模的不断扩大将会对人民币的金融交易需求与外汇储备需求形成拉动，而人民币的金融交易需求与外汇储备需求也会反过来进一步带动其贸易结算需求的提升。

2.2.2　人民币贸易结算份额预测

基于以上假设，我们通过情景分析的方法对人民币跨境贸易结算份额进行预测。作为一种多因素分析方法，情景分析结合设定的各种情景的发生概率，研究多因素作用时可能产生的影响。情景分析法在推测基础上，对可能的未来情景加以描述，同时将一些有关联的单独预测集合成一个总体的综合预测。

根据人民币在双边贸易结算中的使用情况，共分为最理想、乐观、一般、保守与最差五种情景。在最理想情景下，中国与六大经济体的双边贸易中本币结算比重与美元相近，其中出口贸易人民币结算比重达50.7%，进口贸易人民币结算比重达56.7%。在最差情境下，人民币在中国与六大经济体双边贸易结算中的份额与日元、澳元等货币国际结算地位等同，出口贸易结算占比为16.5%，进口贸易结算占比为25.5%。将最理想情景至最差情景下人民币结算比例进行等分，获得乐

第2章 人民币作为贸易计价结算货币现状分析

观、一般与保守情景下的人民币结算占比,进而对不同情景下人民币在中国贸易与全球贸易中的结算比重进行估算。[①] 与此同时,中国与其他发达经济体的双边贸易规模巨大,也不可忽视。由此,在五种情景下,人民币在其他发达经济体对华出口与进口中结算份额与印度尼西亚卢比、乌克兰赫夫米、土耳其里拉相近,分别被保守假设为0.5%与1%。

通过数据(截至2013年9月)整理计算,得到2013年第三季度人民币跨境贸易结算份额不同情景下的预测值。如表2-2所示,在最理想、乐观、一般、保守与最差五种情境下,中国出口贸易中人民币结算占比分别为21.47%、20.39%、19.31%、14.54%与9.66%;中国进口总额中人民币结算比例分别为16.97%、14.01%、11.05%、8.23%与5.52%;中国贸易总额中人民币结算比例分别为19.35%、17.38%、15.41%、11.56%与7.70%;全球贸易人民币结算比例分别为2.16%、1.94%、1.72%、1.29%与0.86%。

表2-2　　2013年人民币国际贸易结算份额预测表　　　　单位:%

	最理想	乐观	一般	保守	最差
人民币在六大经济体出口结算中占比	50.70	41.85	33.00	24.60	16.50
人民币在六大经济体进口结算中占比	56.70	53.85	51.00	38.40	25.50
中国出口中人民币结算占比	21.47	20.39	19.31	14.54	9.66
中国进口中人民币结算占比	16.97	14.01	11.05	8.23	5.52
人民币在中国贸易中结算占比	19.35	17.38	15.41	11.56	7.70
人民币在全球贸易结算中占比	2.16	1.94	1.72	1.29	0.86

数据来源:IMF - Direction of Trade Statistics (DOTS)。

以上估计只包含中国与六大经济体和周边国家的双边贸易,并没有考虑对其他发达国家的贸易,而我国与澳大利亚、加拿大等发达国家都有贸易往来,部分进出口贸易也使用人民币结算,而且由于近年来人民

---

① 根据 Annette Kamps, The Euro As Invoicing Currency in International Trade, ECB Working Paper No. 665, August 2006 的 Table A1: U. S. Dollar, Euro and Home Currency Invoicing in Exports and Imports of 42 Countries 中各国本币结算比例赋权。

币一直存在升值预期，致使一些发达国家也愿意使用人民币计价结算，因此以上结果相对保守，在一定程度上低估了人民币跨境贸易结算的全球占比。

截至2013年第三季度，人民币跨境贸易结算实际占全球贸易规模的比重为0.65%，低于上述最坏估计值，而人民币在中国贸易中的实际占比相对较好，说明人民币在我国双边贸易中使用较多，而在其他国家的贸易中使用很少，因此人民币结算的全球贸易比重很低。这意味着跨境贸易人民币计价结算潜力巨大，同时也表明存在一些阻碍跨境贸易人民币结算的因素。当实际人民币跨境贸易结算占我国贸易规模的比重达到上述情景中的乐观情况17%左右时，人民币跨境贸易结算占全球贸易规模的比重将为1.94%，那么我国在跨境贸易计价结算中的地位将大大提升，成为仅次于美元和欧元的第三大国际贸易计价结算货币，也相应会推动其他投资交易和储备职能的发展。下文将根据历史经验和实证分析影响货币选择的主要因素，以便对症下药、抓住机遇、克服障碍，提高跨境贸易中人民币计价结算的比重。

第 3 章 国际贸易格局变化对人民币计价的影响研究

3.1 国际贸易格局的演变

3.1.1 贸易格局的历史演变

国际贸易格局可以宽泛地理解为世界主要区域、国家（或地区）在国际贸易中的份额，国际贸易产品，国际贸易区域范围，国际贸易方式及由此表现出来的参与贸易的各区域、国家（或地区）间的实力对比态势和总体的秩序与状况。国际贸易格局变化主要强调特定时期内主要区域或国家在国际贸易总体结构中的地位变化，具体体现为进出口贸易总额（或比重）的变化，以及以不同产品作为贸易单位的对外贸易总额（或比重）即贸易结构的变化。从历史上看，国际贸易格局发生了四次重大的变化。

一是以欧洲（英国）为中心的国际贸易格局。伴随着 15 世纪末的地理大发现，以及东西方航线的连通，葡萄牙、西班牙、荷兰等海上强国相继称雄。17 世纪率先完成的工业革命为英国的产业跃进带来了巨大推动力，19 世纪初英国建立起了以其为中心的单边垄断全球贸易格局。新航线则将东西方直接连接在一起，国际贸易由区域向全球扩张，以英国为中心的全球性贸易体系逐步形成，仅占世界人口 2% 的英国一直把世界工业生产的大约 40% 和国际贸易的 25% 控制在自己手中，形成了几乎是围绕"世界工厂"英国开展的单极贸易，形成自由贸易为主的全球贸易秩序。

二是"三足鼎立"的国际贸易格局。19世纪后期，随着工业革命波及范围的扩展和加深，先进技术逐渐被其他国家学习和吸收，地区间分工日益明确。美国、德国等后起之秀经济实力不断增强，围绕英国的单极贸易走向"三足鼎立"。为了摆脱成为英国等老牌工业化强国的原料供给国的命运，保护培养本国幼稚产业迅速成长壮大，以德国、美国为代表的贸易保护主义政策盛行。

三是美国单极国际贸易格局。两次世界大战彻底改变了当时的国际贸易格局。英国、德国、日本等国均在战争中遭受重创，美国独享战争红利。"二战"结束至20世纪70年代，美国始终维护着以其为中心的单极国际贸易格局，贸易产品以工业制成品为主。同时，美国充当了主要参战国战后恢复重建的供货商，大量工业制成品运往欧洲大陆。另外"冷战"期间为联合欧洲大陆抗衡社会主义阵营，美国以直接投资和进口等方式和西欧各国及日本建立起密切贸易往来关系。从地域来看，这一时期国际贸易格局表现为以美国为代表的北美和欧洲大陆为当时国际贸易主体，亚洲、非洲、拉丁美洲及其他地区国际贸易发展稳定。

四是一强多极国际贸易格局。由于两次世界大战的爆发以及战后世界新秩序的形成，各国社会、经济发展不平衡导致国际竞争力的差异使国际贸易格局再次发生质的变化。日本经济飞速发展，欧洲联盟取得突破，新兴经济体和发展中国家开始崛起，国际贸易格局从"二战"后美国单极主导转变为美国一强和欧洲、日本及新兴经济体等多极并存。"亚洲四小龙"经济崛起，亚洲贸易份额上升，20世纪70年代后期，新加坡、韩国、中国香港、中国台湾等一批东亚国家和地区纷纷采取出口导向型经济模式，积极引进并承接发达经济体的产业转移，经济高速增长，贸易规模也不断扩大。这些国家及地区的经济增长奇迹使它们获得"亚洲四小龙"的美誉。在"亚洲四小龙"的带动下，1983年亚洲出口贸易额全球占比达19%，较1973年提高了近5个百分点，亚洲成为当时全球贸易不可或缺的一极，为国际贸易格局增添了新的力量。国际贸易结构出现了明显变化，原料等初级产品贸易额逐步下降，制成品以及服务贸易额不断上升。在制成品贸易中，技术含量较高、产品附加值较大的机电产品脱颖而出，占据了最大的份额。世界机电贸易额的增长率大大超过国际贸易总额的增长率，其出口额由1955年的169亿美元上升到1981年的6 150亿美元，26年增长了316倍。此外，随着贸易自由化的发展，各国对服务贸易的限制逐渐减少，在WTO《服务贸易总协定》的推动下，世界服务贸易规模急速扩大，比重逐年上升，一些国家的服务贸易规模甚至超过货物贸易规模。在服务贸易中，高附加值的技术贸易占据重要的地位。1965年世界技术贸易额仅为20亿美元，1975年增至110亿美元，1985年达400亿美元，20年增长了近20倍，增长速度迅猛。

3.1.2 新兴市场崛起后的贸易格局

新兴市场崛起后，国际贸易格局又发生了新的变化。自20世纪80年代以来，发展中国家及新兴经济体在本国"对外开放"、"出口导向"政策的指导下，加快与国际接轨，积极参与国际竞争，充分利用国内国外两个市场、两种资源，发展民族经济，经济实力持续增强。21世纪以来，以"金砖五国"为代表的新兴经济体异军突起，其经济的快速发展和贸易规模的快速扩大，对以传统西方国家主导的国际贸易市场形成挑战，促使全球经贸格局再度进入调整和转化进程中。

随着全球产品分工发生改变，发达国家将部分资本密集型、熟练劳动密集型产业转移到新兴市场国家，使这些经济体获得崛起的机会，从而融入到全球一体化产业链当中。新兴经济体在全球制造业十强中占到半数，贸易额也持续增加。发达的欧美国家主导的全球贸易传统格局遭到了以"金砖国家"为核心的新兴市场国家崛起带来的巨大挑战（见

图 3-1)。

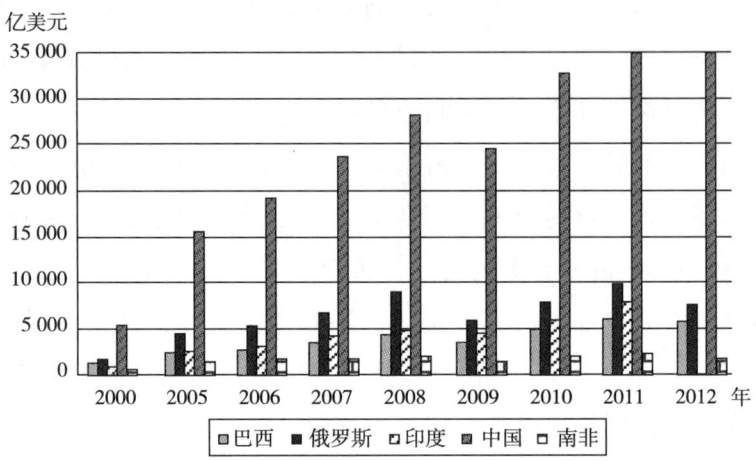

注:《金砖国家联合统计手册 2013》中印度 2012 年货物和服务进出口总额缺省。
数据来源:《金砖国家联合统计手册 2013》。

图 3-1 金砖国家货物和服务进出口总额

一方面,发展中国家及新兴经济体在国际贸易增量中的比重不断上升,发达国家贸易份额逐渐收缩。过去 10 年,新兴经济体出口贸易全球份额从 2000 年的 34.2% 增长到 2012 年的 49%,进口贸易份额从 2000 年的 30.3% 增长到 2012 年的 44.8%;而发达国家出口贸易份额则从 65.7% 下降到 51%,进口贸易份额从 69.7% 下降到 2012 年的 55.1%,新兴市场国家和发达国家的进出口贸易份额几乎平分秋色(见图 3-2)。尤其是 2008 年国际金融危机后,新兴经济体商品贸易额增长占比也提高,对全球经济拉动作用明显。继 2010 年创下危机后商品进出口贸易最大年增幅后,2011 年新兴经济体商品进出口贸易额持续稳定增长,当年需求增量将主要由新兴经济体的消费和投资增长来提供。

另一方面,发展中国家的要素禀赋差异化和分化趋势进一步加大(见表 3-1),南南市场的兴起部分取代了原有的南北贸易。2009 年中国超越美国成为巴西的第一大贸易伙伴,2010 年成为印度的第二大贸易伙伴。

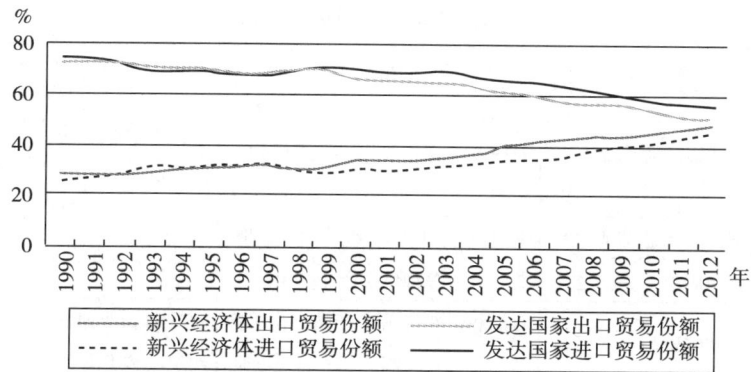

数据来源：UNCTAD。

图3-2 1990—2012年新兴经济体和发达国家全球货物贸易占比

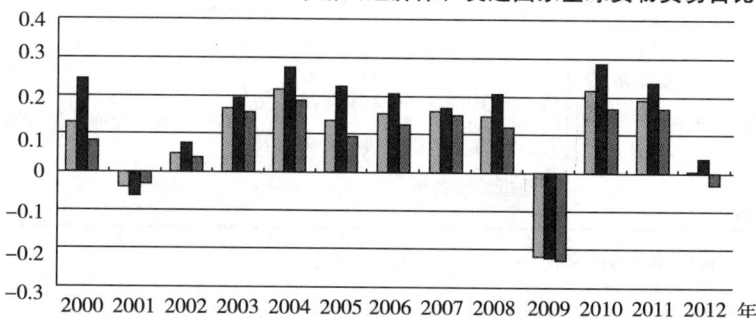

数据来源：UNCTAD。

图3-3 2000—2012年全球、新兴经济体、发达国家出口贸易增速

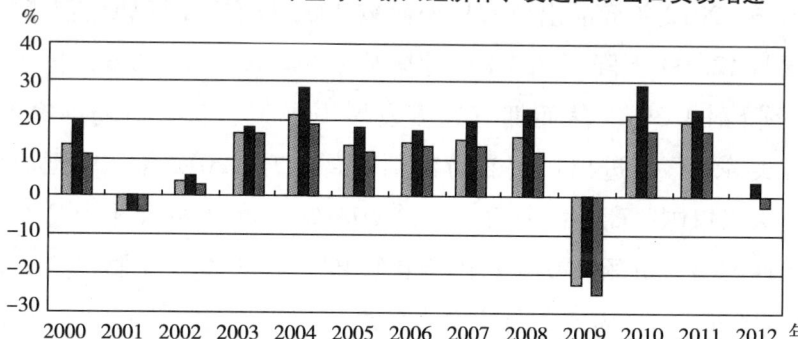

数据来源：UNCTAD。

图3-4 2000—2012年全球、新兴经济体、发达国家进口贸易增速

表3-1 金砖国家货物进出口情况一览表

国家	经济概况	主要出口	主要进口
中国	全球第二大经济体	机电、高新技术产品、自动数据处理设备及其部件、针织或钩编服装	机电、高新技术产品、原油、铁矿砂
巴西	国民生产总值等经济指标居拉丁美洲之首	钢材、铁矿砂、纸浆和咖啡、糖、大豆等特色农产品	石油、化工原料、小麦等
俄罗斯	矿产等资源丰富	石油和天然气等矿产品、化工品、宝石及其制品、木材及纸浆	食品和农业原料产品、橡胶、纺织服装类商品
印度	南亚地区具有最强的经济实力	车辆及其零件和配件、电气机械和设备及其零件	矿物燃料、珍珠、宝石、贵金属
南非	非洲第一大经济体,基础设施良好,资源丰富,是世界五大矿产国之一	黄金、其他金属及其制品、钻石、食品、饮料、烟草、机械及交通运输设备等	机械设备、交通运输设备、化工产品、石油

资料来源:根据《金砖国家联合统计手册2012》整理。

(1) 欧洲及北美市场份额减少,亚非拉市场份额增加

商品贸易方面,从商品贸易份额来看,欧洲、亚洲和北美是全球前三大商品出口贸易区域。但从地域结构来看,以西方发达国家为主体的欧美市场,2012年商品出口贸易份额较2000年有不同程度的下降,其中美国从12.1%下降至8.4%,德国从8.5%下降至7.6%,日本占比7.4%下降到4.3%。然而拥有较多发展中国家和新兴市场国家的亚、非、拉美等地区,进出口贸易份额则显著上升。2012年,中国成为世界第一大出口国,商品出口额占全球10.7%,较2000年上升7个百分点;巴西的出口份额从0.8%上涨至1.4%,上升0.6个百分点;印度从0.6%上涨至1.6%,上升1个百分点。

商业服务方面,西方发达国家凭借雄厚的科技实力、成熟完善的基础设施与服务体系成为全球商业服务提供商。2011年美国仍保持为全球第一大商业服务贸易国,进出口贸易额达9 760亿美元,顺差1 860

亿美元。德国和英国分别位居全球第二大和第三大商业服务贸易国,贸易额分别达5 420亿美元和4 440亿美元。作为发展中国家的中国和印度等国,则更多是通过欧美等外资控股的跨国公司获取商业服务,多为商业服务的净进口国。

从分工方式来看,南北间产品内贸易是当前主要国际贸易模式。国际分工的不断深化导致贸易模式改变。自第二次工业革命(19世纪70年代)至今,国际贸易模式经历了三个阶段:第一阶段,19世纪70年代至20世纪40年代,国际贸易模式是基于各国发挥资源比较优势基础上的南北间产业间贸易模式,即发达的工业化国家从发展中国家或落后国家进口农业产品、资源产品和初级劳动密集型产品,在国内生产加工成工业制成品后再出口至发展中国家和落后国家;第二阶段,第二次世界大战后尤其是20世纪60年代至80年代末,北北间的产业内贸易取代了传统的南北贸易,即发达国家和发达国家之间以替代性产品为主的贸易往来增加,贸易规模和比重不断上升,这主要是不完全竞争下发挥规模经济的结果;第三阶段,从20世纪80年代末至今,经济全球化加速,在垂直专业化分工的基础上,南北间产品内贸易成为当前国际贸易的主要模式。

南北产品内贸易模式具体表现:第一,发达国家和发展中国家贸易往来日益密切。在垂直专业化分工的基础上,完整的产品价值链根据价值属性被拆分为不同环节,这些不同的环节在具有相应比较优势的多个国家进行生产、开发,国家间的比较优势差异明显,主要体现在发达国家和发展中国家之间。产品价值链中属于劳动、资源密集型的中间品的生产、组装主要在发展中国家完成,而技术、资金密集型的研发、设计等环节主要在发达国家进行。从近十多年来看,发展中国家对发达国家的工业制成品出口率增速明显快于发达国家间出口增速。第二,除制成品外,产品内贸易尤其以中间品为贸易对象。产品内贸易模式下,完整的产品价值链拆分为多个环节,并安排在不同的国家进行生产、加工、组装，生产组织者通过国际贸易往来实现前后生产环节的衔接和价值附加，因此产品内贸易以中间品贸易为主，全球中间产品贸易额持续快速增长。第三，在全球化的背景下，跨国公司的海外布局使其成为南北间产品内贸易的主要组织者和积极推动者。以跨国公司为主导，产品内贸易主要有"内部化"和"跨国外包"两种组织形式。"内部化"表现为跨国公司根据其全球生产布局，以 FDI 方式直接在东道国建立垂直一体化的子公司，再由母公司向子公司购买中间品或制成品，属于公司内部化贸易；"跨国外包"表现为跨国公司与国外非关联企业签订契约，将多个国家链接到同一种产品生产链上，以外包的方式先向东道国企业出口部分生产工序，再从其购买中间投入品或制成品。

（2）能源及矿产品贸易份额居前，文化、信息等商业服务贸易增长较快

从贸易对象结构来看，商品贸易方面，机械和运输品、燃料近十年保持较高的出口比例，由于价格提升使能源及矿产品的出口额占比自 2009 年至今有所增长，2012 年燃料全球出口占比达到 19%，较 2009 年的 14% 增长了 5 个百分点。由于大宗商品价格上涨，能源及矿产品出口增长较缓慢，2005—2012 年年均增长 3.5%。农产品和制成品平均年增长率分别达 4% 和 4.5%。商品服务方面，个人、文化及娱乐服务、信息服务贸易近年来增速较快，2011 年均有超出 15% 的增速。商业服务出口贸易结构中，其他商业服务中的其他商务服务、旅游和运输服务三项总和占比超出 2/3，为最主要的商业服务产品。

（3）区域贸易成为主流

当前全球一体化的大趋势下，地缘经济不但没有衰减反而进一步加强。特别是 20 世纪 80 年代以来，世界经济、政治往来日益紧密，各国相互依存相互促进，一个国家不可能脱离世界独立发展，更无法独自应对国际政治和经济局势动荡的挑战。在强烈的国际竞争压力和国际政治经济环境中众多不确定因素下，得益于地理和传统上的优势，区域联盟

成为每一个国家跻身世界的有力保障和必要需求。"冷战"结束后，各国纷纷组成以地缘经济为特征的区域经济集团或贸易集团，取代了之前的以政治军事联盟为基础的经济贸易联盟。另外，从各国贸易政策调整趋势来看，长期以来，自由贸易和贸易保护始终是伴随世界经济和国际贸易发展的两大对立主张，在不同的历史阶段和背景下双方力量强弱轮流更替。事实上，任何一个国家都不会采取完全的自由贸易或保护贸易政策，而是在两个极端政策中寻找一个适当的平衡点。区域贸易具有将二者结合起来的优势，即区域内各国间贸易可以实现自由化，得到自由贸易的好处，而贸易区域外的经济往来又强调贸易保护，实现各国保护贸易的利益，兼顾了自由贸易和保护贸易的优势，因此加入区域贸易集团成为当前各国政策选择的趋势。

20世纪80年代末，国际贸易区域化集团化已现雏形，形成了以欧洲统一大市场、北美自由贸易区和以日本为中心的亚太经贸合作为三大核心，东盟六国自由贸易区、南椎体共同市场、安第斯关税同盟、加勒比共同市场、中美洲自由贸易区等众多规模较小贸易集团组成的国际贸易格局。伴随着亚洲新兴市场国家的迅速崛起，中日韩—东盟区域在产业、贸易、投资和金融方面有着广泛而深入的合作，这将降低对传统欧美市场的依赖度，进而改变全球经济和贸易结构。东亚经济体与欧盟、北美自由贸易区，成为国际贸易的前三强。

(4) 多边贸易不进则退，双边贸易逐渐普及

成立于1995年的WTO，目前其成员扩大到158个，组织原则和规则覆盖了96%以上的全球贸易。然而，随着中国、印度、巴西和俄罗斯等新兴经济体迅速崛起，世界经济秩序中的西方国家单极格局被打破，尤其是金融危机后新兴经济体在拉动全球经济增长中贡献了巨大的力量，因此新兴经济体需要权利和义务对等的话语权。但日渐增长乏力的欧美发达国家不愿放弃或分享既得利益，不愿与后来者平等对话。在经济发展水平参差不齐、利益关系错综复杂的当前，WTO成员间在诸

如气候变化、粮食安全、能源危机、金融监管、自然资源等各种新问题据理力争、各不相让，分割化的各国利益将难以通过多边贸易协议进行协调和统一，这集中表现在谈判十余年的多哈回合之中。由于各方不愿妥协退让，多哈回合几乎成为"鸡肋"，前景不被看好。与此同时，由于双边自由贸易具有谈判成本低、对外经济战略调整灵活、速度快、范围广、可持续缔结、示范效果好等优势，因此当多边贸易合作陷入僵局之时，双边贸易逐渐兴起。

3.1.3 贸易格局的演变动因和趋势

（1）当前国际贸易格局的演变动因

当前国际贸易格局的演变动因主要来自20世纪末发端的信息技术与产业革命，对外经济战略调整下的新兴经济体崛起和日渐普及的双边、区域贸易新形势。首先，信息技术革命是推动国际贸易变革的关键因素。知识、信息的传播决定了社会分工的深化变革，影响了跨国公司的管理模式，并以其为载体衍生出南北间产品内贸易的新模式。其次，新兴经济体崛起是推动国际贸易格局变革的主导力量。20世纪末，发展中国家积极调整对外贸易战略，承接国际产业转移，以资源密集型、劳动密集型产业为开端，充分利用本国资源或劳动力优势，广泛开展对外经济合作，以贸易顺差拉动国内经济的迅速增长，促进国际贸易格局向多元化方向发展。最后，双边、区域贸易新形势是巩固国际贸易新格局的体制保障。在世界经济复苏乏力、多边贸易体系裹足不前的背景下，双边、区域贸易新形势为世界各国寻求新的经济增长点带来了希望和动力。区域和双边贸易协定为巩固国家间向更灵活、广泛的经贸合作，实现更互惠双赢的愿景提供了稳定和可持续性的体制保证。

（2）未来发展趋势

新贸易保护主义将呈现经常化和普遍化。金融危机爆发后，受其冲击全球经济陷入低迷，以美欧为代表的发达国家国内消费、投资需求大幅萎缩，失业率屡创新低，在国内社会的重压下，欧美发达国家把眼光转向振兴本国实体经济，以外贸拉动经济，以扩大净出口来增加就业，缓解国内贸易逆差。与此同时，全球经常项目不平衡不断扩大，新兴经济体巨额的贸易顺差与欧美发达国家的巨额逆差形成鲜明对照。在此背景下，全球范围内贸易保护主义成为西方发达国家和新兴经济体普遍和经常性的贸易政策，为世界经济复苏增添了更多不确定因素，经济全球化和国际贸易自由化面临着新的挑战。除了常规的技术壁垒外，碳关税、绿色壁垒将逐渐成为一种新型贸易保护主义手段。

新兴服务贸易规模持续扩大、结构不断升级。未来，在能源及大宗产品价格走高、农产品等初级产品供给不足的趋势下，实体经济发展将会受到一定影响。因此以信息、金融服务为代表的新兴服务业将逐渐成为世界服务贸易的主体。国际产业结构调整和升级中，国际投资将更热衷于服务业。另外，国际服务贸易结构自身也将不断转型，旅游、运输等传统服务贸易比重有可能下降；而以金融、计算机和信息服务、通信、保险、咨询、电影音像等为代表的其他商业服务将得到更快的增长，所占贸易额的比重将有所提升。

双边贸易形式普及。未来世界经济复苏步伐放缓，国际市场需求不振，经贸摩擦形势更加严峻，政策性和体制性矛盾更加突出。在此条件下，各国将会寻求更广泛的双边经贸合作，规避政治、政策上的冲突，以互利互惠为目的，结合各类型国家或地区的比较优势，更加灵活而有针对性地作出对外贸易政策安排，满足对外贸易和经济的稳定、可持续发展。

3.2 国际贸易格局变化对贸易计价货币选择的影响

国际贸易格局主要体现为国别贸易份额、贸易行业与结构、贸易方式的一种常态。贸易格局一旦形成，就会在惯性的力量下保持平衡，直到某种巨大的力量使国际经济发展出现严重失衡，打破既定的国际贸易格局。战争、全球性经济危机、技术进步、经济联盟、经济崛起等都是导致国际贸易格局变化的主要推动力。国际贸易格局的变化通常由局部变化开始，日积月累，经历量变到质变的过程，在达到一种公认的突变标准后，新的贸易格局就诞生了。伴随着贸易格局的变化，贸易计价货币模式也必将发生相应的改变。纵观工业革命以来的历史，不难发现一个客观规律，国际贸易格局变化首先导致贸易计价货币替代，然后蔓延到金融领域，加速和放大这种货币替代，经过一段时间的发酵，最终表现为国际货币格局的巨变。

3.2.1 新兴贸易大国货币有更多优势成为新的贸易计价货币

贸易份额变化与世界政治、经济格局变化密不可分，三者相辅相成，互为因果。贸易份额变化背后毫无疑问是生产能力、收入水平的同方向变化。一国贸易份额提高与其全球经济份额提高是同步或者同方向的。因此，新兴贸易大国很可能同时也是新兴经济大国。如前所述，经济规模较大国家的货币在全球出口计价货币选择中占据较大的优势，该国货币自然而然会成为计价货币的新宠。为了避免出口销售数量下降，新兴贸易大国的国外出口商有强烈的动机选择进口方货币计价，这样就提高了该国货币在贸易计价中的份额。不仅如此，贸易份额变化还赋予新兴贸易大国更大的宏观经济波动溢出效应，使那些与该国贸易关系紧密的小国也有强烈的动机进行出口计价货币替代，放弃原来的计价货币，转而使用新兴经济大国的货币，以减少投入品和生产成本的波动。历史经验表明，新兴贸易大国的崛起总是伴随着贸易计价货币的替代，这种货币替代最初发生在新兴贸易大国地缘经济关系紧密的周边区域，以及双边贸易规模较大的国家，然后带动与贸易相关的融资、投资等金融交易计价货币发生相同的替代。当这种货币替代积累到一定的程度，国际货币格局就会发生质的改变。当英国通过战争打败西班牙无敌舰队,获得北美、澳洲和亚洲大片殖民地后,殖民地海量增长的贸易需求推动了英国的工业革命,使之成为第一个世界加工厂和最大的贸易国,同时也使英镑在英联邦国家成为国际货币,而且通过市场溢出效应,英镑被第三方贸易普遍使用。"二战"前夕,美国继成为世界第一经济大国后又成为世界最大贸易国,使美元在"二战"后顺理成章地取代英镑,成为主要贸易计价货币。20世纪80年代,日本、德国作为世界第二、第三大经济体成为可以与美国抗衡的出口大国,这样的贸易地位与经济实力赋予日元、德国马克作为计价货币的优势,在美元独大的国际货币体系下,这两种货币在出口计价中的份额不断提高,都超过了15%。

3.2.2 贸易区域化和结构调整将催生新的贸易计价货币

国际贸易格局变化中,以贸易区域化和出口替代弹性变化为代表的贸易结构变化,弱化了贸易计价货币选择的聚集效应和避险动机,也会促使贸易计价货币发生替代。依托地缘经济的贸易区域化是国际贸易格局变化的一个重要特征,出现了北美自贸区、东盟"10+3"自贸区、欧盟与非洲自贸区等等,这些区域经济联盟在贸易、关税、资本流动、司法支持等方面的种种优惠条件,有利于成员国扩大相互贸易,而且相对封闭的市场环境减轻了出口竞争程度,出口计价货币的"聚集效应"有所减弱。此外,经济联盟成员国贸易、资本流动联系加强,一国宏观物价、工资水平、经济周期的波动很快就会传递给区域内其他国家,引起后者出现类似的宏观经济波动,区域内各国之间的宏观经济具有较高的趋同性。贸易区域化使区域贸易强国的货币极有可能取代原来的国际货币,成为区域范围内主要的贸易计价货币。例如,1951年4月,为了对抗美国和苏联两个超级大国,法国、意大利、联邦德国、荷兰、比利时、卢森堡决定联合起来发展经济,签订了为期50年的《关于建立欧洲煤钢共同体的条约》。在此基础上,六国继续拓展经济合作的领域，1957年3月建立欧洲经济共同体与欧洲原子能共同体，并于1965年4月将上述三个共同体合并，统称欧洲共同体。欧共体成员国实行自由贸易，没有任何贸易壁垒；对非成员国则通行单一的贸易和商业政策；相互协调交通和农业政策；劳动力、资本和工商企业家等生产要素可以在成员国之间自由流动。1973年，英国、爱尔兰、丹麦加入欧共体。欧共体的自由贸易和统一大市场建设，大大促进了成员国之间的贸易，各国贸易的2/3发生在区域内。在欧共体内，德国依靠非常稳健的货币政策和快速的技术进步，成为头号经济和贸易大国。从1950—1980年的30年间，德国的对外贸易额占世界贸易额的比重一直维持在10%左右，GDP年均增长保持在5%，显示出强大的经济实力和国际竞争力。在1971年以前，美元币值稳定，欧共体成员国货币与美元的汇率很稳定，使用美元计价没有汇率风险或生产成本波动问题。然而，1971年开始，美国的出口竞争力落后于西欧国家和日本，美国产品在欧共体的出口替代弹性变大，出口份额持续下降，并首次出现巨额的贸易逆差。这一重大变化导致美元贬值，欧共体国家的出口商出于避险动机，纷纷放弃美元计价，转而使用联邦德国马克计价。就连美国的不少出口商也放弃美元，追逐联邦德国马克和日元。贸易计价货币的替代引发了十几轮抛售美元的狂潮，最终迫使美国政府在1973年宣布美元停兑黄金，导致布雷顿森林体系崩溃。从1980年到1987年，世界贸易往来用美元计价的贸易额比重从34.5%降为24.8%，用德国马克计价的贸易额比重从10.2%上升到12.4%。欧共体国家以蒙代尔的"最适货币区"理论为指导，努力推进货币一体化建设，在1999年创新出了超越国家主权的共同货币——欧元，广泛使用于欧元区和欧盟的各项交易中，这使国际货币格局发生了翻天覆地的变化。

3.2.3 国际货币格局变化的驱动模式差异对货币替代有不同的影响

在战争驱动模式下，战争在短时间内摧毁了一国的经济实力和贸易竞争力，使其由经济大国变成经济小国，由贸易强国变成贸易弱国，该国原来拥有的贸易计价货币优势不复存在，战争中的赢家可以轻而易举地替代输家的货币地位。

在政治阵营驱动模式下，政治信仰、政治制度的趋同，使成员国之间的贸易范围、贸易方式、贸易规则、贸易计价货币与政治阵营之外的国家大相径庭。"冷战"时期东西方阵营水火不相容的相对的封闭性，有助于避免激烈的贸易竞争，经互会组织以"同志＋兄弟"的理念、计划经济作为相互贸易与经济合作的基础，弱化了盛行于西方世界的自由竞争、利润最大化的计价货币选择规则的影响力，贸易大多使用对等的易货贸易，共同选择清算协议货币。敌对的主要国际货币通常被排除在贸易计价货币之外，例如，在当时的中苏、中国与东欧国家的贸易中，信用高、政治中立的瑞士法郎被选作清算协议货币。有的国家则直接选择双边货币中的一方作为计价货币。

在技术与产业驱动模式下，尽管拥有先进技术的国家的出口品有显著的异质性，出口替代弹性较小，有较大的选择本币计价的话语权。然而，国际直接投资的迅速发展使得技术容易扩散，技术先进国的领先地位容易在后来者的挑战中丧失，对于技术进步不大，或者出口产品竞争优势持久性较差的国家而言，进行货币替代、选择本币作为贸易计价货币的风险较大。此外，由于贸易计价货币有强大的惯性，在拥有技术与出口产业竞争优势的国家的货币被国际社会广泛接受之前，因为其缺乏规模效应，货币的交易成本比较高，除非原来的贸易计价货币大幅贬值或者该货币发行国的宏观经济十分黯淡，否则出口商进行计价货币替代的动机不会很强烈。如果新兴的贸易大国不能借助区域经济联合体的力量，仅仅依靠技术进步获得较大的贸易份额，或者仅仅依靠产业结构调整，降低出口品的替代弹性，并不能确保其在贸易计价货币替代方面取得令人满意的成绩，而其在贸易计价货币中份额的提升也将会十分缓慢。

在新兴市场驱动模式下，贸易格局的变化源自经济全球化背景下的国际分工和跨国公司生产组织方式的改变，使新兴市场国家能够依靠单一要素优势而非综合经济实力做大贸易份额、改变贸易结构。由于新兴市场国家通常不掌握技术和销售网络，存在贸易大而不强的特征，无论出口产品的替代弹性大小，也无论采取加工贸易还是一般贸易方式，这些国家的出口商在贸易计价货币选择上都没有多大的话语权。但是，在新兴市场国家相互贸易额不断扩大，而美元、欧元、日元等传统贸易计价货币贬值幅度较大，主要国际货币发行国的宏观经济低迷的情况下，从避险动机以及减少生产成本波动、降低出口替代风险出发，新兴市场国家有强烈的动机采用出口方货币计价或进口方货币计价，即选择新兴市场国家的货币替代美元、欧元等原来的计价货币。由此可知，国际货币格局很可能因为新兴市场国家崛起及其贸易计价货币的改变而发生深刻的变化。

3.2.4 国际货币替代与国际货币格局展望

当今国际贸易格局的深刻变化使中国、新兴市场经济体的贸易份额上升到与发达国家平分秋色的地步，区域化和双边贸易的重要性削弱了以往在WTO等多边组织中拥有支配地位的发达国家的影响力，产品内贸易使有一定要素优势的发展中国家嵌入在国际贸易中，而不会被边缘化，拥有了一定的话语权。根据国际货币替代理论和过往的实践检验，这几个突出的贸易格局变化必将导致国际货币格局出现如下变化。

第一，国际货币多元化。贸易份额增强了中国（以及与中国类似的贸易份额上升较快的新兴市场国家）的市场主导能力，人民币以及部分新兴国家货币可能成为新的贸易计价货币，进而带动贸易融资、金融交易货币发生跟随性替代。发挥国际货币功能的货币将不局限于现有的主要国际货币，以中国为代表的新兴市场国家的货币将进入主要国际货币俱乐部。

第二,货币区域化。区域贸易促使地缘经济纽带更加紧密,蒙代尔"最适货币区"理论的实用性增加,区域经济大国和贸易大国的影响力相对提高,该国的货币有可能成为区域关键货币。目前全球最主要的三大经济区中的两个都有自己的区域货币,北美自由贸易区的关键货币是美元,欧盟的关键货币是欧元;在东亚"10+3"区域内主要使用的还是区域外货币美元,随着中国在区域内经济、贸易地位的确立,人民币有望成为该区域的关键货币。在非洲、拉美的区域经济中,也将出现新的有一定影响力的区域货币。

第三,针对新兴货币的汇率战加剧。贸易格局变化带来的货币替代实质上是全球购买力的一种再分配,是一种深层次的利益格局调整。既得利益集团总是不甘心让渡货币曾经给予它们的额外权利和利益,总想千方百计阻止新的国际货币的崛起,一个有效的途径就是发动汇率战,借助自己规模大、交易成本低的优势,通过货币贬值和市场选择将后来者扼杀在襁褓里。不难预料,主要货币会轮番向人民币等其他新兴的区域货币发动进攻,人为逼迫这些货币升值,直到这些国家的贸易下滑、经济衰退,进而货币丧失竞争力。

第 4 章 世界主要货币国际化经验借鉴

环球银行金融电信协会（SWIFT）于 2013 年 12 月 3 日发布报告指出，截至 2013 年 10 月，人民币在全球贸易融资（信用证及付款）的市场份额达到 8.66%，首次超过欧元成为全球第二大贸易结算货币。2013 年 8 月，该协会称人民币已进入八大主要贸易结算货币行列，英镑、美元、德国马克、日元、欧元五大国际货币先后登上国际货币舞台，从 2009 年至今人民币也循序渐进地推进国际化进程，逐步实现跨境贸易计价结算。

主权货币成为国际货币，不仅要实现跨境贸易计价结算这样的价值尺度和支付手段的功能，也要实现国际储备货币这样的储藏功能。上文已经讲过，实现跨境贸易计价结算是主权货币国际化的第一步，是迈出的较为重要的一步，作为有机体的不同侧面，各功能实现起来肯定有相互影响和作用的方面，很难完全分开。本章通过对英镑、美元、欧元和日元货币国际化的历史经验进行比较分析，归纳主要国际货币实现跨境贸易计价结算路径的异同点，从而总结出实现跨境贸易计价结算的条件，形成对人民币跨境贸易计价结算的启示。

4.1 英镑实现跨境贸易计价结算的路径和启示

4.1.1 以英镑为核心的国际金本位体系

18 世纪 60 年代开始至 19 世纪中叶，工业革命率先在英国进行，因此，其经济政治体制在当时首屈一指，拥有强大影响力，英国这种经济地位保持到第一次世界大战之后，"一战"后，被美国赶超。

19世纪中叶，英国的工业产值占世界39%，商业贸易占全球贸易的40%，英国生产了接近世界一半的工业产品。当时，世界各国经济实力相差悬殊，英国凭借其绝对的政治、军事、经济优势推行英镑的国际化。英国着手构建了欧洲国家之间自由贸易的网络，从18世纪50年代开始，英国的贸易政策发生了根本的转变，由重商主义过渡到斯密的自由贸易主义政策，英国相继与欧洲各国签订贸易协定，逐渐在欧洲推广自由贸易。英国通过适度的贸易逆差和对外投资的策略不断向世界输出英镑流动性，增加了在国际贸易中用英镑结算的可行性，使其他国家手中有英镑用来计价结算，从而国际贸易中可得性增加，继而英镑在国际社会中影响力日渐扩大，可以说，自由贸易网络推动了19世纪后半叶以英镑为核心的金本位体系的形成。而18世纪后半叶，伦敦作为国际金融中心的地位就已经确立。伦敦金融市场降低了英国政府的融资成本，从而形成了良性循环，推动了其经济快速发展。

英国在1816年颁布铸币条例，发行金币，1819年规定英格兰银行的银行券可以兑换金条，并在1823年可兑换金币，并且取消了对金币熔化和出口的限制。英国率先成为金本位国家，到19世纪下半叶，主要工业国争相学习英国，相继成为金本位国家，金本位为特征的国际货币体系自发形成。英国为了消化其过剩的产品，英国的资产阶级用其军事实力打开境外市场，在很多地区建立起殖民地和附属国，开拓了广泛的全球市场。

19世纪，为了保证英镑的自由兑换，增强使用英镑计价结算和持有英镑的信心，武力成为英镑国际化的重要的基础，通过武力扩展区域，通过强制手段推进英镑在殖民地和附属国流通。此时的英国，黄金储备充足，经济发达，币值稳定，伦敦成为世界贸易和金融中心，英镑成为其他货币形成比价的基准，国际贸易多以英镑计价结算，国际储备以英镑为主,英镑从某种程度上成为了黄金的替代物,随之成为世界货币。

  19世纪末20世纪初,美、日、法、德等国工业革命也相继完成,经济与英国差距日渐缩小。1914年"一战"爆发,战争使英国经济发展受挫,经济实力削弱,并耗费了大量财富,金本位不得已而中断。第一次世界大战之后,英国在1925年使其恢复,但由于连年征战耗尽财富导致黄金储备不足,金本位已与往日不同,已变成金块本位制。在国际贸易领域,英国已失去其世界第一的地位,被美国取代。同时,在金本位恢复过程中,英镑被高估,造成了英国收支困难和黄金外流。1931年英国宣布放弃金本位,不再承诺英镑与黄金的自由兑换,从此,英镑主宰的国际货币体系落下了帷幕,进入了英镑、美元、法郎三足鼎立的阶段,直至"二战"之后,英国彻底丧失了经济大国地位。布雷顿森林体系的建立标志着一种新的国际货币体系的诞生,美元替代了英镑成为世界第一计价结算货币的地位,但至今,伦敦依然为重要的国际金融中心之一,英镑仍然在国际货币体系中占有很重要的地位。

4.1.2 条件分析和启示

  英镑的跨境贸易计价结算实现,首先是基于其卓越的经济地位和贸易地位,其经济贸易地位从一定程度上讲是源于英国率先进行工业革命的生产力优势,随后的主要工业国家的金本位体制几乎是自发形成的,但英国政府也在殖民地推广使用英镑。英镑的国际化源于跨境贸易,当时,欧洲其他国家的经济和政治实力都难与英国匹敌,为英镑实现贸易计价结算创造了机遇。英镑成为国际货币,是从跨境贸易计价结算开始,随之有了积累,英镑作为国际货币在区域范围内使用。因此英国经济实力、贸易份额、币值稳定都是英镑得到国际社会认可和接受的条件。此外,殖民统治也是英镑国际化重要的时代背景,在当时,宗主国与殖民地是垂直分工体系,英国生产制成品,殖民地输出原料,英国在其殖民地和附属国强制推行英镑的流通，这也是英镑实现全世界范围内跨境交易的条件之一。

英国的技术优势、经济地位、贸易份额和殖民统治，是英镑在世界范围内实现国际贸易计价结算并逐步发展成为国际货币的条件，其中包含殖民统治在内的个别有利条件是当时独特的历史时代背景造就的，具有不可复制性。而现今，国际社会各国发展相对均衡，没有哪个国家再拥有英国当年的绝对国力优势，形成单边经济局面的可能性非常小，但英镑国际化过程中，经济地位、贸易份额和技术优势等条件仍然可以为人民币实现跨境贸易计价结算提供一些参考，这些条件与国际货币选择理论不谋而合。我国已成为世界第二大经济体，英镑的国际化进程对人民币实现跨境贸易计价结算有一定借鉴意义。但值得关注的是，英国高效率的金融系统本身虽然看起来并不是当时英镑实现跨境贸易计价结算的要件，却是英镑在众多货币竞争中仍然保留了重要国际货币地位的条件之一。在此方面，我国与英国尚存在一些差距，我国在构建高效的金融体系、建设国际金融中心等方面也可以借鉴英国。

4.2 美元实现跨境贸易计价结算的路径和启示

布雷顿森林体系以来，美元一直是当今世界的第一国际货币，无论是从跨境贸易计价结算领域，还是在金融投资或者国际储备领域，都被国际社会广泛接受和使用，美元成为国际货币的路径和历程非常有借鉴价值。

4.2.1 以美元为核心的布雷顿森林体系

从1776年7月4日发表《独立宣言》，美国刚开始摆脱英国的殖民统治，到19世纪末20世纪初美元已经有开始国际化的苗头，美元从诞生到成为首屈一指的国际货币，只用了短短一百多年的时间。

19世纪末20世纪初,美国经济增速超过其他国家,成为了全球最有潜力的国家和最具投资价值的投资地。1914年"一战"爆发,美国作为中立国没有参与战争,并且利用这个机会,为参战国提供军用物资,其黄金储备随之大幅增加。欧洲政局的不稳定,也导致了闲置资金投向美国,给美国带去了急需的资金和技术。"二战"期间,美国远离欧洲战场,国家财富不仅没有受到损失,还大发战争财,从供应物资中获利,在政治、经济和军事上均把欧洲甩到后面。"二战"之后,英镑地位急剧下降,美元却成为安全的国际储备资产。同时,美国工业产成品制造额接近全球50%,对外贸易额超过世界贸易的三分之一,黄金储备也突破了两百亿美元。战后各国经济恢复过程中,美国的"资本输出"政策彻底使美元取代了英镑成为了第一国际货币。美国通过马歇尔计划和道奇计划,到欧洲和日本等国家地区实施援助,这使美元作为资本输出到全球各地,也打开了欧洲和日本的市场,使其放弃商品定价权。同时,在罗斯福总统及其智囊的精心策划下,美国等44个国家在1944年签订了《布雷顿森林协定》,准备建立战后的国际货币秩序,并成立国际货币基金组织(IMF)和美国作为第一大股东的国际复兴开发银行(今天的世界银行)。1947年,为推动"双边谈判,多边受益"又达成了关税与贸易总协定,并最终演化一个新的国际组织,即世界贸易组织(WTO)。以上这些都是美国主导的国际货币体系的基础设施,美国凭借其经济实力、政治影响力和债权国地位,确立了贸易、投资和金融三位一体的战后经济秩序,和以美元为主导的布雷顿森林体系。《布雷顿森林协定》规定其他国家货币与美元挂钩,美元与黄金挂钩,以及美元与黄金之间的固定兑换比率。至此,美元成为了国际贸易计价结算的第一大货币。

布雷顿森林体系建立,造成了"特里芬难题",即作为国际货币需要提供大量清偿力,要求这种货币通过贸易逆差提供清偿力,但与此同时,又要维持国际货币与黄金的固定比例关系,以保持信用。为满足其他国家对国际清偿力的需要，美国仍要保持对外净支付；其他国家积累美元储备资产相当于向美国输送资本，由于西欧在贸易地位上超过了美国，导致了进口减少，结果造成美国经常账户逐渐恶化。

1971年美国收支逆差，黄金储备大量减少。尼克松总统宣布实行"新经济政策"，到1973年，美国宣布解除美元与黄金的固定比例关系，停止兑换黄金，布雷顿森林体系也宣告解体。之后，国际货币秩序开始了重新寻找均衡的过程，出现了缓慢的货币替代的过程，随着德国马克、日元的国际化，最终形成了"一超多元"的牙买加体系。美元仍然是世界上最重要的国际货币，但日元、德国马克、英镑等货币也被纳入到了国际货币体系当中。

4.2.2 "一超多元"的牙买加体系

在1974年，IMF提出《国际货币体系改革纲要》，对国际收支调节、储备资产、黄金、汇率等问题提出了建议，1976年"国际货币制度临时委员会"在牙买加首都召开会议，讨论国际货币基金协定的具体条款，并签订了《牙买加协议》，从此形成了新的国际货币体系。牙买加体系多元化的国际货币结构为国际经贸往来提供了多种货币，在很大程度上解决了清偿力不足的难题；多元化的国际贸易计价结算货币和多样性的金融制度适应了发展水平不同的全球各国经济，具有原则性、灵活性和独立性的特点，并有助于保持国内宏观调控和汇率政策的稳定性与连续性。

但是，现行的牙买加体系形成了多元化国际储备格局，这导致国际货币发行国（比如美国）仍享有"铸币税"等一些好处；并且牙买加体系缺乏统一的稳定的货币标准，汇率浮动较大，这增加了经济的不稳定性。

从20世纪70年代到20世纪90年代后期，贸易格局较为稳定，国际货币格局逐渐调整，美国经常账户逆差问题仍然存在但基本可控。美国贸易地位显著下降，但是相对优势仍在。欧洲经济一体化进程尚未完成，力量比较分散，日本则有国内市场深度不够的先天缺陷，在牙买加体系运行的前30年里，国际货币格局与国际贸易格局相适应。进入21世纪，美国贸易份额明显降低，贸易地位迅速下滑。贸易地位受到来自欧盟和新兴市场经济体的双重挑战，欧盟日渐发挥聚拢效应，而以中国为代表的发展中国家迅速崛起，挤占了发达国家的贸易份额。在国际贸易格局发生重大变化时，国际货币格局却仍然保持着"一超多元"的结构，并且美元仍然独大，其国际使用程度只是相对下降，新兴国家的货币也没有纳入到国际货币体系。新兴主要债权国家深受"美元陷阱"的困扰，强化了美国国内政策溢出造成的"不公正性"，2007年美国次贷危机迅速演变成为全球性金融危机，在美国实施援助政策时，全球美元储备持有者也需要共同分担成本。

4.2.3 条件分析和启示

布雷顿森林体系和牙买加体系的建立过程就是美元超越英镑成为贸易结算第一货币的过程和美元保持其国际化地位的过程。两次世界大战的历史机遇，与英国的殖民统治一样是不可复制的条件。美元取得并保持国际货币地位的条件有以下几点。

一是经济、贸易规模。主权货币作为一种信用货币，需要具有信用偿还能力，该国的经济规模无疑是衡量该国主权资产和"现金流"的指标。另外，规模庞大、充满活力的经济体通常意味着一个比较大的外汇交易市场，而完善的外汇市场通常具有较低的交易成本。历史经验表明，国际货币总是出自那些经济规模较大的经济体。有研究证实，美元外汇储备额与美国经济规模之间具有正相关关系，该相关关系表明经济规模对美元国际货币地位起着重要作用。

二是国际汇率制度安排。布雷顿森林体系是特殊历史条件下的全球汇率制度安排。此体系核心要素为，其他货币与美元挂钩，美元与黄金挂钩，体系自然约定美元成为其他货币的锚货币。不由分说，支撑汇率制度安排的基础也是其强大的政治经济实力，正因为该汇率体系，美元成为了与黄金地位相同的国际计价结算货币。

三是资本输出。在两次世界战争的契机下，美国以其强大的经济实力对战败国进行援助，达到对全球进行资本输出的目的，为国际贸易提供了美元清偿力，并形成了贸易使用美元计价结算的路径依赖，加速了美元的国际化进程。

四是金融效率。美国拥有全球最发达和高效的金融体系，高效的金融系统意味着较低的交易成本、较大的市场容量和高水平的辅助性金融服务。对于持有该国货币头寸的投资者而言，为了保值增值和提高交易效率，发达的金融市场具有很大吸引力。

五是币值稳定。货币价值的稳定对于交易媒介功能的正常发挥也具有间接作用，历史经验表明，通货膨胀是美元"名义锚"的最大掣肘，如果美国经历严重的通货膨胀，"钉住"美元的货币便会纷纷"脱锚"，从而大大降低美元的国际地位。除此之外，汇率稳定也相当重要。当美元出现贬值倾向时，官方和投资者都不倾向于在投资组合中配置美元资产，纷纷选择其他货币避险。

六是历史惯性。历史惯性源于网络外部性，网络外部性是指货币的价值会随着使用人数的增加而变大，范里安称为"路径信赖效应"。使用美元的国家越多，美元的吸引力就越大。国际货币的使用具有规模经济，大的网络意味着更多的交易者，降低了交易成本，带来更高的流动性。

以上六个因素，前三个主要作用于取得国际货币地位，而后三个主要作用于保持国际货币地位，当然不容忽视的是美国强大的军事、政治、经济实力对国际货币体系的维护也起到至关重要的作用。

我国在贸易份额和经济规模上已经取得了很大的成就，位于世界前列，汇率制度安排属于历史机遇。近几年已通过货币互换协议向一些国家注入了人民币流动性，对促进人民币计价结算起到了一些作用。人民币采取有管理的浮动汇率制度，币值相对比较稳定，最近几年成为了一些国际投资者的避险货币，在美国金融危机之时，也开启了国际化的机会窗口。目前来看，我国金融市场的效率还有待提升，市场多样化和开放性都有不足之处，离岸市场也在建设之中，离岸市场的金融产品种类较少，对人民币跨境贸易计价结算形成了一定掣肘。

4.3 欧元实现跨境贸易计价结算的路径和启示

欧元起源于欧洲经济共同体的建立，它的起点很高，自诞生之日起已然是一种区域货币，走出欧洲便成为一种国际货币。因此，欧元实现跨境贸易计价结算是天然的，而成为一种国际货币也具有其特殊性。2002 年欧元成为欧元区的唯一法定货币，并在 10 年内完成了国际化进程。欧元的出现，是全新的国际政治经济现象，创造了很多的第一，是世界货币史上首个区域性货币和超主权货币，是信用货币的新探索。欧元区各个国家放弃了信用货币的国家主权和相对独立的货币政策，以区域性的调控政策为条件，以相似的文化背景为纽带，在几千年货币史中，这种新兴货币仍然年幼，尚需进一步探索成熟的制度和机制。

4.3.1 历史背景及实现路径

（1）经济货币合作的初始阶段（从 1950 年到 1990 年）

"二战"结束后，欧洲各国迫切需要恢复元气，政治家们选择利用欧洲独特的历史文化背景进行经济恢复，在各国经济合作情景下欧洲内部贸易迅速增长，短短不到十年间贸易额翻了一番，且欧洲的经济增长率落后于贸易增长率。追溯起来，欧共体形成是从欧盟六国签署《煤钢共同体条约》、《欧洲经济共同体条约》和《原子能共同体条约》开始的。为实现欧洲内贸自由化、要素流动自由和市场统一，到 1958 年，欧洲经济共同体宣告成立。这一系列举措越发增加了欧洲内贸，使欧洲尝到了合作的甜头，认识到合作符合全欧洲的共同利益。紧接着的二十几年，欧洲货币一体化不断被提出，但20世纪70年代的经济滞胀危机阻碍了欧元出现的时间进程。欧洲各国共同认识到，加强欧洲之间的彼此合作是应对欧洲之外的经济冲击最好的解决办法。因此在1979年，欧洲货币体系初步建立。欧洲各国经济合作取得较大进展的背景下，德国经济也趋于成熟，竞争力加强，德国马克国际化程度大为提高。德国凭借其相当强的出口竞争力，贸易顺差多年积蓄了力量，德国内部面临通胀压力和升值压力，德政府只好采取资本账户逆差的办法向境外输送德国马克，并引导德国马克向全球流通。从国际货币的计价功能来看，由于出口竞争力强，出口商议价能力也不俗，具有货币选择权，因此，德国出口贸易中以德国马克计价为主。

（2）欧元区诞生（从1991年到2002年）

在1991年，欧洲各国签署了《马斯特里赫特条约》，规定成员国的财政需采取趋同标准，年度财政赤字不超其GDP的3%，累计公共债务不超其GDP的60%。《马斯特里赫特条约》对各国3%赤字率和60%债务率的硬性规定，没有照顾到经济周期对各国财政的影响，各成员国自身完全丧失了利用经济政策调整经济的手段。1997年6月，《欧元的法律地位》、《稳定和增长公约》、《新的汇率机制》三个协定同时被签署。《稳定和增长公约》第104条款规定逾越关键赤字指标会受罚。若一国财政赤字超过该指标1年，须向欧盟执委会交纳固定比率和浮动比率的保证金①。如果之后年份财政赤字仍超越，则浮动比率会提升，但两部分总和不超过该国国民经济总量的0.5%。当然，协定里也有例外存在②。同时，要求各国财政政策的目标接近预算平衡，这一要求限制

---

① 为GDP 0.2%的固定比率部分和超出年财政赤字3%部分10%的浮动比率部分。

② 一国实际GDP超2%或GDP下降不足2%但是超过0.75%时，可以申请过度赤字例外以免受处罚。

了政府投资。基础设施投资的特征是投资回收期长,短期投入大,为使赤字水平达标,各国政府有动机削减利于提振经济也有利于后世子孙的长期投资。

自1997年以来,欧盟成立了欧洲中央银行系统,该系统由欧洲央行和各会员国的中央银行构成,会员国固定本币与欧元的汇率,而欧洲央行统一制定货币政策。为了保持欧元货币价值稳定,欧洲央行将会员国的外汇储备代为保管。1999年初,欧元区启动到欧元流通之间,各会员国有三年的准备过渡期。2002年,欧元正式流通,欧元作为一个区域性货币,背靠强大的欧元区,同时也继承了马克和法郎的国际化成果,很快成为了仅次于美元的全球第二大计价结算货币。2009年,掣肘于主权债务危机,欧元在跨境贸易计价结算比重开始下降,2013年其计价结算比重仍在继续下降。

4.3.2 条件分析和启示

欧元作为非主权货币,代表着该区域真实的经济发展状况。为了塑造欧元的国际形象,实现低通胀和低利率的宏观经济环境,欧盟采取降低各国政府预算,完善税收制度发展等措施,该措施虽然只是一些尝试,也存在一定缺陷,但也对地区经济平稳增长作出了贡献。地缘政治也是欧元实现跨境贸易计价结算的重要保证。欧元成为国家贸易计价结算主要货币的历史经验表明经济贸易合作是货币合作的初级阶段,而区域经济一体化之后有可能将出现区域单一货币。下面我们分析一下欧元区实现单一货币的条件。

(1)区域市场融合。欧元出现的主要条件之一就是区域市场融合。从欧共体建立开始,欧洲各国之间一直有较为紧密的经济合作,促进了产品、劳务、技术和资本在各国之间流动。该区域的国际贸易网络建设,是欧元实现区域计价结算继而成为国际货币的重要保障。

(2)共同利益和互相认同的文化。首先,"二战"以后欧洲人已经认识到了欧洲各国之间自由贸易往来,能够增进彼此的利益,在经济合作这一点上各国具有共同利益。另外,欧洲各国自封建社会以来一直交往紧密,又曾同受教皇管辖,具有相同的宗教信仰和相近的文化习俗,在文化上能够相互认可和接受,这是经济一体化能够快速推进和欧元能够在区域内广泛接受的重要前提。

目前,在牙买加体系下,欧盟依托地缘政治和经济发展水平相近等优势,通过单一货币争夺区域内货币主导权,经验和教训对亚洲货币合作都有很好的借鉴意义。欧元在诞生十年之内迅速成为国际贸易计价结算的主要货币,又经历主权债务危机,它的经验教训很有价值,我国实现人民币跨境贸易计价结算可以借鉴。

为解决升值问题,欧元区有其独特的办法。德国一方面借助欧盟力量缓解德国马克升值压力,运用欧洲货币的联动机制。将投机资本引入货币体系中相对较弱的货币上。同时,依靠欧盟这个强大的经济体,欧元直接获得了与美元相抗衡的地位。同时德国通过国内金融市场自由化以缓解升值压力,当今的我国正面临着与德、日等国相同的升值问题。为了防止流动性泡沫,政府可以向德国政府学习,一方面在实践中通过改进国内金融市场效率以缓解升值压力;另一方面通过加强区域经济贸易合作和货币合作分散人民币升值压力。

欧元的流通过程中也有一些教训可以借鉴。欧元区的制度缺陷在一定程度上导致了债务危机爆发,丧失货币政策制定权是加入区域单一货币不容忽视的成本。欧元区的成员国丧失了货币政策的权利,调控国内经济的能力大大缩小,财政方法调控能力也受到极大削弱。欧元区成员国没有办法通过逆周期的经济政策熨平经济波动。

4.4 日元实现跨境贸易计价结算的路径和启示

作为"二战"之后的后起之秀,日元和人民币一样是亚洲货币,与主导世界经济政治秩序的发达西方国家的文化有一定差别，日元实现跨境贸易计价结算的经验和教训特别值得我国借鉴。

4.4.1 历史背景和实现路径

日元国际化历程有经验也有教训，日本在推广日元的过程中建立了高效完善的金融体系，日本自身的制造业实力也比较强，产品差异化形成了自身特色和品牌优势，东京成为了亚洲的重要金融中心。下面，我们来对日元国际化进程进行简要回顾。[①]

（1）1960—1980年

"二战"后，日本经济稍作喘息就取得高速发展，到20世纪70年代初，日本经济就已然跃居世界第二位。这一时期，日元的国际化有一个特点，并非日本政府主动选择，而是随着日本经济地位上升和贸易实力提高，日元国际化自发开始了。

1960年，日本开始实施非居民日元存款自由结算制度，导入了所谓的日元外汇制度。1964年日本成为IMF"第八条款成员国"，开始承担日元自由兑换。1970年，日本政府批准发行以日元计价的对外债务，因此欧洲日元市场开始形成并逐渐壮大。1972年，废除外汇集中制，允许居民持有外汇和以外币计价的债券。此种措施促进了东京市场上以美元为主的外币交易。1973年日本开始了完全浮动汇率的时代。1978年，准许国内居民保有国内外汇存款。1980年以后，随着日本经济步入顶峰，政府开始发力完善国内金融市场，放松对金融系统的过多管制。并且新出台的《外汇法》将日元在跨境贸易中的使用由"原则上禁止"改成"原则上自由"，至此，日元跨境贸易计价结算迈出了突破性的一步。从1970年到1980年，在日本跨境贸易计价结算的比重按照出口和进口核算分别从0.9%和0.3%提高到了29.4%和2.4%。直到1970年，在日本政府中，还在探讨日元国际化是否有利于日本，很多

---

① 张国庆、刘骏民：《日元国际化历史、教训与启示》，载《上海金融》，2009（8）。

人仍持"日元的跨境流通将搅乱国内政策"的论点,对日元国际化持消极态度的人居多。但转变较快的是,在这阶段,日元作为计价结算货币的职能与作为国际储备货币的职能被区别开,作为日元实现跨境贸易计价结算已经被探讨和提倡,对于作为国际储备货币的职能则没有被提及。这也反映了日本政府对日元国际化有一些担心。

(2) 1980—1996 年

20 世纪 80 年代初,美国贸易逆差剧增,其中,对日逆差是其贸易逆差的主要组成部分。为了改善本国国际收支不平衡,美国就汇率问题对日施压。在压力下,1985 年,美、日、英、德、法五国财长在美国纽约签订了《广场协议》,强制日元升值,此后近十年里,日元升值了接近 3 倍。《广场协议》既是通常我们认为的美国强加给日本的条约,也是日元国际化的新转折点,是日本政府推动日元国际化的一步棋。1986 年,日本着手建立东京离岸市场,日本开始着手打造东京国际金融中心。1988 年,日政府先后开放了日元票据和外汇票据两个市场,1989 年,欧洲日元市场在日本实现自由化。经过这一系列举措,1980—1990 年,日元跨境贸易计价结算按照出口和进口计算比重分别比 1980 年提高了 8.1% 和 12.1%。随后日本经济泡沫破灭,日本经济迅速衰退,日元跨境贸易计价结算也受到影响。

(3) 1997 年至今

1997 年金融危机席卷亚洲,给经济和金融系统带来了冲击。东南亚很多国家面临流动性不足,亚洲股市暴跌,本来被认为是日元提高亚洲影响力的绝好机会。1999 年欧元诞生,对日元的冲击较大,日本政府产生危机感,反思近年来的经济金融政策和国际化的路径,着手试图推动日元在亚洲区的区域化。1997 年在世界银行和 IMF 年会上日本曾提出建立亚洲货币基金的建议,设想由中、日、韩及东盟各国成立一个组织,筹资 1 000 亿美元为危机中的国家提供援助。但此建议很快被美国及 IMF 否定。欧元诞生促使日元国际化路径作出了极大转变,日元区域性战略取代了原来的全球化的战略,1999年东盟与中、日、韩三国首脑非正式高峰会议在菲律宾首都举行,会议指出在东亚地区打造共同市场推行单一货币是有可能的。2000年东盟十国与中、韩、日三国的财长在泰国清迈召开会议,会议主要内容为东亚地区的货币金融合作,以及在东盟十国与中、日、韩三国的机制下建立货币双边互换协议机制,并探讨了建立东亚地区资本流动监控体系和增强共同抵御金融风险的能力等问题,8月,"10+3"国的央行将原来的货币互换从两亿多美元提高到十亿多美元。到此为止,东亚区域货币合作进程有了实质性突破。

4.4.2 条件分析和启示

从总体上看,日元实现跨境贸易计价结算的历程比较曲折,实际结果也与日本政府预期南辕北辙。但日本推进日元实现跨境贸易计价结算过程中对于国内金融系统的改革,提高了日本金融业的运行效率和国际竞争力还是起到了积极作用。日本的路径存在经验与教训归纳如下。

(1) 高效的金融体系和稳定的宏观经济为日元实现跨境贸易计价结算打下了较为坚实的基础。经济地位是日元实现国际贸易计价结算的基石,但日本也意识到日元实现跨境贸易计价结算的职能,尚有一些条件不具备。日本的金融制度是以银行为主导,债券、票据、外汇等市场一直发展不畅,这使日元的交易并不便捷,成本也较高。另外,对金融业的过度保护使得金融行业内竞争不足,阻碍了日元国际竞争力的提高。因此日本政府对金融体系进行大刀阔斧的改革,着力发展金融市场,提高市场效率,这些措施卓有成效,奠定了东京作为国际金融中心之一的地位,对于日元国际化具有良性作用。

(2) 产业较为成熟,树立了全球知名品牌。日本的制造业以精工细作闻名,日本的松下、索尼、三洋、本田、丰田等品牌在全球知名度甚高,"日本制造"国际竞争力强,商业成熟度高,在全球树立了良好的口碑，日本的产品具有差异性，全球买家比较认可，因此贸易替代率较低，日本厂商在出口时具有一定的议价能力和货币选择权。这种货币选择权对于日元实现跨境贸易计价结算有很大推进作用。

（3）日元在实现国际化过程中缺乏清晰连贯的政策指引。日本对于日元走向国际的态度并不清晰连贯，也没有特别明确的战略目标。20世纪60年代至70年代，日本政府对于日元走向国际存有疑虑，这种担心主要是出于害怕日元国际化损害国内经济政策效果和独立性。到了80年代，在美国敦促下签署了《广场协议》，日元升值，日本政府将日元国际化提上议事日程。到了90年代，欧元诞生，危及了日元实现国际计价结算，于是危机感产生。日本在1996年提出了"金融大爆炸"理论，计划以2001年为限，改革内外金融制度，全面实现资本账户的自由化，并放松对证券业和银行业的管制等。由于没有战略性的一致时间安排，日元国际化在推进过程中没有清晰的方向，错过了一些机遇。

（4）日元走出国门的过程中一度忽视了日元的区域化。在现有货币体系惯性之下，日元想谋求实现全球贸易计价结算并不容易，而区域化却是一个相对现实的选择。欧元的诞生才使日本有所警醒，开始推进日元实现区域性的计价结算和储备。1997年亚洲金融危机对于日本实现区域化本来可以是一个绝好的机遇。日本可以凭借其经济实力向危机中的东南亚各国提供支持，以增加日元的影响力。但是，日本此时却没有担起区域经济大国的责任，放任日元贬值，也随之放弃了日元区域化的机会。

（5）币值不稳为日元国际化掣肘。20世纪80年代开始，日本经济日渐衰退，日元对美元汇率波动一直剧烈。币值稳定是居民与非居民选择持有一种货币并且使用其计价结算的重要条件，如果持有面临的是损失，动摇了人们对日元的信心，这种货币就在国际社会中失去信用，各国政府都不愿意把币值不稳定的货币作为国际储备，精明的贸易商都不愿选择日元作为计价结算载体，对于信用货币而言，经年累月形成的名誉一旦破坏则一时很难恢复。

从日本的经验和教训可以看出，货币走出国门实现跨境贸易计价结算除了受经济实力的影响之外，还会受到支付习惯、政治军事力量以及国际信誉等多方面的影响。人民币实现跨境贸易计价结算是一个系统性工程，要有一以贯之的战略，逐步实施。

（1）从区域化起步。从日本的路径可以了解到，人民币具备一定走出去的基础。需要一个一惯的战略目标，先实现货币区域化，再逐步扩展。现今，东亚地区区域贸易额逐年增长，寻求东亚地区货币合作，符合东亚各国的利益，扩大人民币在东亚地区的影响力，首先要提高在东亚地区人民币跨境贸易计价结算的份额，然后再逐步扩展范围，是一种比较理性的选择。

（2）高质量的经济增长做基础。货币信用是经济竞争力的体现，货币只是一国经济实力的载体。近年来中国增速非常之快，堪称世界经济史奇迹，但随着经济实力增强，一些增长的弊端也逐步显现，首先就是经济结构的不够合理，不合理体现在对投资和出口过于依赖，过度投资形成产能过剩，国内消费需求严重不足，加之金融市场的低效运行。高度依赖出口拉动的情形造成了出口厂商议价能力较低，更不要提货币选择权，而且依赖外需消化产能又何谈币值和汇率稳定。优化国内经济结构是实现人民币跨境贸易计价结算的基础性条件。

（3）高效的金融市场做保障。实现人民币跨境贸易计价结算也需要一个相对高效的投融资市场，提供高效、安全的金融产品，消化流动性。这既包括改革相关法律体系、税收制度的建设，也包括支付清算体系的建设和金融要素市场和金融中心城市的建设，还包含金融要素价格市场化的机制改革和世界一流的金融机构的培育。

4.5 国际经验比较与启示

在梳理了以上四种主要国际货币实现国际贸易计价结算的路径和条

件之后,我们来总结和综合分析其中异同,以求对人民币实现跨境贸易计价结算的路径选择和条件准备提供些参考。

4.5.1 主要国际货币国际贸易计价结算形成路径的共同点

从各主要国际货币实现跨境贸易计价结算的历程总结出的历史经验和成熟的国际货币选择理论得出的条件基本吻合。各国货币走出国门的路径既有一致性也有差异性,下面先谈路径的共同点。

一是经济实力。主权货币是信用货币,其信用的根基则是经济基础。经济实力可以简单比作评价企业信用时经常提到的总资产,信用等级高低和总资产有着较为紧密的联系。从上述的几大货币实现跨境贸易计价结算的路径来看,有较为雄厚的经济实力是实现本币跨境贸易计价结算的根基。英国抢占了工业革命的先机,经济实力一举成为世界翘楚;美国借助了战争契机,经济实力也突飞猛进成为世界第一;欧盟是欧洲大国联合,整个经济体经济实力自然轻松超越一般单个国家;日本虽领土狭小,却也曾是世界上第二大经济体。如此可见,经济实力是主权货币走出国门的首要条件,是获得国际价值认同的物质基础。

二是开放度和贸易份额。较高的开放度和贸易份额产生了国际社会对本国商品以及货币需求。贸易份额可以简单地比作评价企业信用时提到的现金流,贸易份额高,出口量大的国家,可以创造更多的现金流偿付其债务。以上谈到的英、美、日、欧,都是经济开放度较大的国家和经济体,进出口额都名列前茅,具有成熟的产业,出口产品具有相当的国际竞争力,可以创造出持续稳定的现金流。贸易额不仅能增进信用,还能够增加对于本币的需求。贸易额和议价能力结合起来能够增加跨境贸易结算中对本币的需求,推进本币走出国门实现跨境贸易计价结算。

三是金融体系健全。发达的金融市场可以提高资源的配置效率,是实现跨境贸易计价结算的制度支撑和运行载体。实现跨境贸易计价结算的过程中会自然衍生出储藏和投资的需求,要满足以上需求能够促进对本币的认可,从而推进实现跨境贸易计价结算。发达的金融体系就好像企业信用评价中的运营效率指标,运行效率高的企业可以期待它运用较少的资源创造更多的价值,信用等级也会相对较高。以上主要主权货币的自身金融体系都较为发达,配置效率较高,具有伦敦、纽约、东京等国际一流的金融中心。发达的金融体系不仅提升信用,也能增进国际社会对于本币的持有安全感。安全性好、交易成本低、流动性优良的货币无疑能够被更为广泛地接受和持有。

四是币值稳定和自由兑换。这两个指标也是和持有安全性相关。在国际货币发展史上,很多时候国际货币都是市场自发形成的,在这个自然选择过程中,币值稳定的货币具有先天的优势,强势货币更有可能成为国际货币为大家所接纳。自由兑换不仅持有安全感,更和保值增值有关。以上提到的主权货币在成为国际货币的时候,都是国际金融市场上的强势货币,币值较为稳定,或是在国际化时就已经实现自由兑换,或者是在国际化进程中实现了自由兑换。币值稳定和自由兑换是关乎持有者资产保值增值的指标,是一个货币是否为优质强势货币的判断依据。提高币值稳定性、实现自由兑换对于本币走出国门获得国家社会认可具有不容忽视的作用。

五是政治地位。从历史经验可以看出,是否具有广泛的邦交和经贸合作,是否具有国际话语权也是货币能否走出国门实现跨境贸易计价结算职能的关键。在英美成为国际主要货币时都高居当时国际社会的霸主地位,而欧盟由于是国家的联合,在国际社会上也很有话语权,日本在美国的庇护下,其政治地位也较高。

4.5.2 主要国际货币国际形成路径的差异分析

主要国际货币实现跨境贸易计价结算的路径有其相似的一面,也有其独特的一面,下面我们来对各国实现跨境贸易计价结算的差异进行简单分析，由于各国路径不同，以下按照币种进行分析。

一是英镑。英镑实现跨境贸易计价结算是利用工业革命先机，通过贸易霸权和武力在其殖民地继而在全球推广使用英镑。单边国际经济格局的历史机遇一去不复返，英镑国际化对于人民币实现跨境贸易计价结算的启示更多地在于技术优势对于一国经济实力乃至货币竞争力的决定作用以及文化和核心价值观对于货币国际化的持续性影响。在英国称霸之前，世界不是没有霸主，西班牙、荷兰、葡萄牙也早于英国去探索世界，而那些国家昔日荣光早已不在，而英国仍在大国行列。英国是重视技术、教育和文化的民族，虽然在今天，英国的经济实力早已与大国地位不相匹配，但英国仍然在世界大国之列，英镑也仍然是国际货币之一，这一切和英国注重技术发展和文化、价值观传播有很大关系。

二是美元。美国借助世界战争之机，提升经济和技术实力，一举成为世界超级大国，并打造了两个国际货币体系，美元都在其中具有核心地位。这样的历史时代将不会再发生。美元走出国门的历史依然独特，独特到无法效仿。我们从中可以参考的是美国如何通过独特的制度安排为其货币国际化塑造有利条件，以及美元成为世界主要货币后如何为全球提供美元流动性。美元脱颖而出是通过布雷顿森林体系和牙买加体系，依靠其体系惯性和美国主导的国际组织——世界银行和国际货币基金组织，这样的制度安排可以提供一些参考和启示。另外，美元成为国际货币之后，在顺差时，美国通过援助计划和对外直接投资向全球提供流动性，之后又通过逆差向全球提供流动性，这种流动性安排有其可取之处，也有一定问题，值得人民币吸取和借鉴。战后世界的全球化过程美国始终是主角，政治、经济、文化是有机连接互相促进的，美国在战后向世界提供援助并输送文化和价值观，文化和价值观培养了消费习惯并且有利于其他国家对于美元的接受和认可，可以看出主权货币走出国门的过程是一个较为复杂的过程，不单关乎于经济也关乎于政治和文化。

三是欧元。欧元天然就是国际货币，它产生时就已经实现了跨境贸易计价结算和国际储藏，并且它诞生时有德国马克作为基础，区域强大的经济实力为欧元提供了全球声誉和信用。欧元是按照货币主权的联邦制度安排实现，从计划到付诸实施也历经了很多年。严格说来欧元不是主权货币，而是区域货币，通过将自然条件较为相似、文化也能相互接纳的几个小国集合成一个经济体，并发行这种经济体自身的货币。欧元的诞生具有不同寻常的意义，是世界货币史中一个里程碑。作为第一个区域性货币，其诞生的过程既有经验也有教训，受债务危机的影响欧元大幅贬值，跨境贸易计价结算中使用欧元的企业和国家都大为减少，区域中不同的生产效率和不同的福利程度对于整个经济体采用统一的经济政策而言是个巨大的挑战，欧元作为一个区域性货币仍然是幼小而新生的，需要不断探索和试验，它的出现不断丰富了世界货币史的内容。

四是日元。日元国际化进程并不顺畅，但日元实现跨境贸易计价结算的历史经验对于我国具有更为重要的作用。我国与日本具有一些相同点，首先都是亚洲国家，都是依靠贸易份额提升，进而经济地位提升，而且我国与日本都是在全球视野中传承着相对少数的文化。当然我国和日本也有很多不同，比如从领土和人口上我国一直都是一个大国，而日本并不具有这样的优势，我国具有更为久远的历史和文化。当然也有不如日本的地方，比如日本始终是一个出口产品差异化比较大的国家，其具有相对更为成熟的产业和更强的出口竞争力和议价能力。从日元走出国门的路径中，我们要充分学习其如何打造其产业的核心竞争力，如何培育品牌，精耕细作提升"日本制造"的差异性。同时，更要避免与日本犯同样的错误。首先日本推行国际化政策并没有一以贯之的计划，其间充满了变化和"坎坷"，因此在提升金融市场效率和开放市场的政策选择中偶有失误，造成了日元贬值，贻误了发展时机。其次，日元在区域实现跨境贸易计价结算进而成为区域储备货币这个过程中觉醒得比较晚，没有承担起大国货币应承担的责任，没有得到周边国家的信任和认可，错过了区域化的机遇。这些都是人民币实现跨境贸易计价结算过程中应该重视的经验和教训。

4.5.3 人民币实现跨境贸易计价结算的国际经验启示

目前，人民币跨境贸易计价结算已在全国各省都已全面放开，并且在周边国家已经取得了一些成果，周边国家跨境贸易中已经广为使用，接下来，可以借鉴国际主要货币实现跨境贸易计价结算进程中的经验和教训，谨慎有序地推进。本书从以上主权货币实现跨境贸易计价结算的历史经验中总结出以下几点启示以供参考。

一是提升经济的总体竞争力。经济实力永远是主权货币的信用基础，因此一国的经济实力是其货币在跨境贸易计价结算能被其他国家接受的价值基础，我国的经济总量已然很大，只是在经济结构和产业竞争力上与美、日、德等国家还有一定距离。"中国制造"的质量还不高，产品差异性不足，创新也较少，也没有形成国际社会信得过的品牌，虽然全球都依赖中国制造，但我国依然是全球产业链的中下端，议价能力比较低，经济发展的持续性和稳定性尚显不足，这些现实都对人民币实现跨境贸易计价结算形成了障碍，既没有实现国际贸易商议价的机会，也没有提供给贸易商持有人民币安全稳定的基础。因此我们必须要提升经济的增长质量，解决内在的经济结构问题，提高经济的总体竞争力，从而推动跨境贸易计价结算的实现。

二是设定阶段性目标，循序渐进推动。从主权货币实现跨境贸易计价结算的历史经验来看，大部分国际货币国际化的过程中都是市场自然选择的过程，辅之以政府的适当引导。因此，在推进过程中要有一以贯之的操作计划，不能操之过急，要讲求阶段性，先化解一些潜在的金融运行风险，比如影子银行问题、地方债务问题，提升金融系统的配置资源效率，优化先后顺序，稳定货币自身的发展势头，制定合理的阶段性目标，有试点地稳妥推进，积极签署货币互换协议，逐步开放金融管制，并且使之与实体经济相适应，减少对实体经济的震动，促进实体经济的发展。

　　三是提升金融市场效率。主要货币的国际化路径告诉我们，金融市场的效率对于实现跨境贸易计价结算也具有重要作用，发达的金融市场不仅能增加人民币在国际金融交易中的使用，也能为国际贸易商实现保值增值，还能够抵御外来资本冲击。美国的纽约、英国的伦敦、日本的东京和德国的法兰克福均是全世界最重要、最成熟的金融中心，对于吸收其货币国际化以后引入的国际冲击发挥着不可替代的作用。我国的金融市场效率不高，与以上国家不能够相提并论，但也不用过分悲观，我国金融系统近年来发展迅速，市场规模、交易量、金融产品品种都在稳步上升，货币市场规模已然居于世界前列。我们应该改进现有制度，放松一些可以承受的管制，减少不必要的交易环节，提升金融机构创新能力和风险定价能力，鼓励金融机构向国际标准看齐。在提升境内金融效率的同时，也要重视离岸市场的重要作用，打造全球循环流动的良性机制。同时也应提升政策制定水平和监管水平。可以通过监测数据和国际市场经验，做一些放开管制的情景分析，逐步适应开放进程中的监管和政策制定情况，学习应对国际金融市场波动对经济的影响和外来资本对人民币供应量造成的冲击，兼顾国内和国际经济情况，对国内金融机构做适当地监管引导，引导其适应国际金融冲击，保证经济稳定发展。

　　四是重视区域货币合作。借鉴欧元的经验和日元的教训，利用我国与周边国家的睦邻友好关系和广泛的经贸往来，通过亚太经合组织和东盟，逐步提升人民币的区域话语权，加强与周边国家的货币合作。近年来，我国经济的高增长和良好的国际形象为人民币在区域中广泛实现跨境贸易计价结算打开了机会窗口，人民币负责任的表现也获得了周边区域国家的信任，在此基础上推动人民币跨境贸易计价结算有既成优势。

　　综上所述，主权货币实现跨境贸易计价结算是一个较为复杂的过程，不单是经济领域的问题，也牵涉政治、文化领域的实力和较量，由于历史机遇不同,各国在这个进程中遇到的机遇和挑战都有所不同,每个主权货币国际化的历史都是相对独特的历史,历史经验都只能够提供一些借鉴,而难以完全复制和照搬,我国人民币实现跨境贸易计价结算的过程中,更是要抓住时代敞开的机会窗口,结合我国的国情和全球的情况,探索出一条独特国际化道路,循序渐进地推进人民币实现跨境贸易计价结算。

第 5 章 跨境贸易计价结算实证研究

5.1 跨境贸易计价货币影响因素的分析框架

国际货币最基本的功能是计价、结算功能,特别是在国际贸易中充当计价结算的货币。跨境贸易计价结算货币的份额是衡量货币国际化程度最重要的指标之一。由于一国的出口就是另一国的进口,故从出口角度讨论计价货币,实际上涵盖了全部贸易的计价货币。

从计价结算货币选择来看,一般有三种模式:一是本国货币计价,出口商使用本币计价;二是进口方货币计价,出口商使用出口目的地货币计价;三是第三方货币计价,出口商使用进出口双方之外的第三国货币计价。根据比较成熟的出口计价货币选择理论,出口商出于利润最大化的考虑,需要贸易额比较稳定,从而减少生产的波动性,因此经济规模、贸易结构、行业特性、宏观经济波动性、交易成本、避险动机是出口商选择计价结算货币最为关注的因素。以上理论和国际经验比较中的各国共同因素很相似,这些因素也是本书构建实证模型即将考虑的因素。

一是经济规模。经济规模大的国家,生产行业齐全,进口替代能力比较强,市场纵深度大,可以"消化"多元化的进口商品。而且进口商品的市场份额不大,只是国内市场的一个补充,不会影响市场的定价。国内生产商是市场的主导者,与国外出口商之间存在激烈的竞争关系。由于经济大国的进口需求富有弹性,市场对进口商品的价格波动比较敏感。为了减少汇率波动导致出口商品与目的地竞争对手商品的相对价格波动，国外出口商大多愿意采用进口方货币计价模式，以经济大国的货币计价。

二是贸易规模和结构。贸易规模大的国家对于其他国家贸易商的影响较大，使用其货币计价结算能够在一定程度上避免因为汇率波动给贸易商国内市场造成的产量或者成本变动。由于经济总量、经济发展水平不同，世界各国的贸易结构差异很大。如果产品差异性小，市场竞争激烈，出口替代弹性高，意味着出口商品价格上涨非常容易导致需求量大幅下滑，贸易厂商议价能力低，采用该国货币的可能性小。

三是宏观经济稳定性和币值稳定性。宏观经济波动，尤其是工资水平、货币数量的波动，必然会引起生产成本和物价水平的变化，导致货币汇率上升或下降，从而影响出口商的边际成本和商品价格，进而影响出口需求。一些实证研究表明[①]，宏观经济稳定性、汇率波动是出口商放弃本币计价，转而使用进口方或者第三方货币计价的主要驱动力。那些宏观经济稳定、货币数量增长适度、币值稳定的国家的货币，容易成为出口计价货币。Giovannini（1988）[②]，特别是在商品价格变化存在粘滞性或者汇率波动只能部分反映到商品价格的情况下，汇率稳定的货币是贸易计价的最佳选择。[③]

四是交易成本。作为贸易的媒介，外汇交易成本不应该对商品价格产生过多的影响，因此，交易成本较低的货币在贸易计价货币选择中具有优势。交易成本越低，被选择为出口计价货币的可能性就越大。与贸易计价相比，规模较大的金融交易对交易成本更加敏感，交易成本优势

---

① Wilander, 2006; Bacchetta and van Wincoop, 2005; Devereux et al., 2004.

② Giovannini A., Exchange rates and traded goods prices, Journal of International Economics, 24 (1/2), 1988, 45-68.

③ Engel (2006).

成为压倒性的决定金融交易计价货币的因素①。

除了上述四个因素外，历史惯性和非经济因素也会左右贸易计价货币的选择。本书主要基于以上几个因素构建实证分析模型，试图阐述以上因素对于跨境贸易结算额的影响程度。

5.2 变量选择与研究设计

就人民币跨境贸易结算研究来看，鲜有国外学者对此进行深入讨论，而国内研究多数是从理论上解析人民币的跨境贸易结算，大部分经验分析集中于货币国际化的影响因素分析，从实证角度对人民币跨境贸易结算进行的研究较少。本书主要基于中国的月度时间序列数据，对人民币跨境贸易结算进行实证研究，分析影响人民币作为跨境贸易计价货币的主要因素。

5.2.1 因变量选择

国内外文献在进行跨境计价结算实证分析时，对因变量往往选择出口国货币计价结算额占出口总额的百分比，进口国货币计价结算占进口总额的百分比，或以媒介货币美元计价结算额占出口总额的百分比，再将上文提到的一些影响因素作为解释变量进行面板数据实证研究。然而在实际分析过程中，从公开渠道往往难以获得高质量国际贸易计价数据，国际贸易计价数据多为零散的总体数据，这会导致最后的研究结果出现偏差。

本书选用我国人民币跨境贸易结算额（invo）作为被解释变量。人民币跨境贸易结算额来源于中国人民银行的月度金融统计数据报告。该

---

① Swoboda, Alexander K., The Euro-dollar Market: An Interpretation, International Finance Section, Dept. of Economics, Princeton University, 1968; Robert A. Mundell and Alexander K. Swoboda, Monetary Problems of the International Economy, University of Chicago Press, 1969.

数据可以在极大程度上避免劣质数据导致的结果偏差。

5.2.2 自变量选择

综合上文理论分析，可以看出经济规模、行业特性、贸易结构、宏观经济稳定性、交易成本、避险动机等是决定出口计价货币选择的主要因素。然而对中国而言，影响人民币跨境贸易结算的因素主要集中于以下五个方面。

(1) 经济规模

经济规模大的国家，进口需求富有弹性，对进口商品价格波动比较敏感，国外出口商大多愿意采用进口方货币计价模式。如果经济大国要求自己的出口企业必须使用本币计价，经济规模巨大带来的本币计价优势就会产生溢出效应，使越来越多的小国在出口贸易中选择经济大国的货币计价。此外，中国的经济规模不断提升，在全球所占份额持续增大。中国经济在全球影响力越大，其他国家对中国经济就越有信心，对人民币也就越有信心，选择人民币作为计价货币的国家也会越多。

本书选用国内生产总值（GDP）作为经济规模的代理变量。国内生产总值（GDP）来源于国家统计局公布的官方数据。国家统计局公布的GDP为季度数据，为获得月度数据，对其进行插值法转换。

(2) 贸易规模

对外贸易规模将会直接影响一个国家跨境贸易中使用本币计价的规模。扩大贸易规模是实现货币国际化的主要途径。中国的对外贸易规模越大，对于出口商来说，用人民币进行计价和结算的可能性越大，人民币在对外贸易中就容易被接受。

本书选用进出口总额作为贸易规模的代理变量。数据来源于中经网统计数据库，选取月度数据。

(3) 币值稳定性

货币币值波动会影响出口商的边际成本、商品价格，以及出口需求，促使出口商放弃本币计价，转而使用进口方或者第三方货币计价。国际主要货币币值的不稳定为推动人民币的跨境贸易结算创造了契机。对于币值稳定，宏观来看，可以为贸易和投资提供便利化，微观来看，企业可以规避汇率风险。币值的稳定性通常选择通货膨胀率和汇率来衡量。

本书选用消费者价格指数（CPI）和名义有效汇率（EFEX）作为衡量对内和对外币值稳定性的代理变量。消费者价格指数数据来源于中经网统计数据库，选取月度数据。名义有效汇率数据来源于国际清算银行，选取月度数据。

（4）金融市场发达程度

一国货币可以成为国际结算货币，低成本和流动性是其先决条件。发达的金融市场可以为这些条件奠定基础。McKinnon 在 1973 年提出，可以使用广义 M_2 货币与本国国内生产总值的比值（M_2/GDP）衡量金融市场的发达程度。

本书选用广义 M_2 货币与本国国内生产总值的比例（fide）作为金融市场发达程度的代理变量。广义 M_2 货币来源于中经网统计数据库，选取月度数据。

（5）贸易产品差异性

生产技术的趋同使各国出口商品越来越同质化。由于同质商品可替代性非常强，微小的价格变化就会导致出口需求数量的大幅波动，这类商品的生产商有强烈的愿望采用主要竞争者的货币计价。同质化大宗商品往往集中使用一两种计价货币。如果本国商品拥有较大差异性，出口商在计价货币选择时会有更多的主动性与灵活性。

本书选取我国的产业内贸易指数作为产品异质性（hete）的代理变量，产业内贸易指数根据一般贸易的出口额和进口额计算而得，计算公式为 $T=1-|X-M|/(X+M)$。其中，X 指出口，M 指的是进口。

5.2.3 数据处理和模型

基于数据的可得性，自变量和因变量各数据的时间序列跨度均为 2010 年 1 月至 2013 年 12 月，选取月度数据。为消除异方差影响，对除金融市场发达程度（fide）、产品异质性（hete）以外的变量进行对数处理。

根据 Chinn 和 Frankel（2005），借鉴王琼和张悠（2013）的研究，提出本文的回归模型：

$$\ln invo_t = \alpha_0 + \alpha_1 \ln gdp_t + \alpha_2 iexp_t + \alpha_3 \ln cpi_t + \alpha_4 \ln efex_t + \alpha_5 hete_t + \alpha_6 fide_t \tag{5-1}$$

主要变量定义见表 5-1 所示。

表 5-1　　　　　　　　　主要变量定义

变量类型	变量符号	变量含义
因变量	$\ln invo_t$	Invo 为人民币跨境贸易结算余额，$\ln invo$ 表示对 Invo 取对数
自变量	$\ln gdp_t$	GDP 为国内生产总值，采用插值法将其季度数据转化为月度数据，$\ln gdp$ 表示对 GDP 取对数
	$\ln iexp_t$	Iexp 为进出口总额，$\ln iexp$ 表示对 Iexp 取对数
	$\ln cpi_t$	CPI 为居民消费价格指数（上月 = 100），$\ln cpi$ 表示对 CPI 取对数
	$\ln efex_t$	EFEX 为名义有效汇率，$\ln efex$ 表示对 EFEX 取对数
	$Hete_t$	Hete 表示产品异质性，根据一般贸易的出口额和进口额计算而得
	$fide_t$	fide 表示金融市场发达程度，根据 M_2/GDP 计算而得

5.3　数据处理与结果分析

5.3.1　平稳性检验

为了避免伪回归，先对各变量进行平稳性检验。由于单一方法检验可能产生误差，本书使用三种方法进行平稳性检验，即检验回归式中有三种情况：仅包含常数项（C）、包含常数项和趋势项（C+T）、不包含常数项和趋势项（O）。表5-2显示的是单位根检验结果，表明各变量服从同阶单整I（1）。

表5-2 单位根检验

变量	检验方法		
	C	C+T	O
$invo$	-0.6914	-2.4408	0.3693
	(0.8389)	(0.3549)	(0.7871)
$\Delta invo$	-7.3294***	-7.3936***	-7.1886***
	(0.0000)	(0.0000)	(0.0000)
gdp	-0.7700	-2.8094	3.3625
	(0.8161)	(0.2029)	(0.9996)
Δgdp	-8.1333***	-8.1528***	-28.2106***
	(0.0000)	(0.0000)	(0.0000)
$iexp$	-2.8620***	-7.1668***	-0.7544
	(0.0576)	(0.0000)	(0.3842)
$\Delta iexp$	-6.9906***	-6.9132***	-7.0109***
	(0.0000)	(0.0000)	(0.0000)
cpi	-5.8266***	-5.8401***	-0.2937
	(0.0000)	(0.0001)	(0.5746)
Δcpi	-10.5748***	-10.4704***	-10.6813***
	(0.0000)	(0.0000)	(0.0000)
$efex$	0.1722	-1.5293	2.3102
	(0.9679)	(0.8051)	(0.9943)
$\Delta efex$	-5.1516***	-5.2467***	-4.8531***
	(0.0001)	(0.0005)	(0.0000)
$hete$	-2.7563*	-3.4462*	-0.0082
	(0.0724)	(0.0574)	(0.6749)
$\Delta hete$	-7.1946***	-7.1636***	-7.2728***
	(0.0000)	(0.0000)	(0.0000)

续表

变量	检验方法		
	C	C + T	O
fide	− 1.0358	− 3.7988 **	0.7089
	(0.7305)	(0.0276)	(0.8642)
Δfide	− 8.0965 **	− 8.1017 **	− 8.0078 **
	(0.0000)	(0.0000)	(0.0000)

注：①括号内为统计量的伴随概率；②Δ表示一阶差分序列，C、C + T 和 O 分别表示回归式中仅包含常数项、包含常数项和趋势项、不包含常数项和趋势项；③ *** 、** 、* 分别表示1%、5% 和 10% 概率下显著。

5.3.2 主成分分析

对人民币跨境结算产生影响的因素之间存在内在联系，经济规模、贸易规模等变量之间可能存在多重共线性问题，运用回归分析得出的系数估计值可能会产生偏差，因此先采用主成分分析进行研究，这样既可以消除原始自变量之间的共线性，也可以保留原始数据资料的信息。

表 5 - 3 显示的是自变量的相关系数。

表 5 - 3　　　　　　　　影响因素的相关系数

	lngdp	lniexp	lncpi	lnefex	hete	fide
lngdp	1	0.9400	− 0.0812	0.3567	0.5312	− 0.9377
lniexp	0.9400	1	− 0.2449	0.2958	0.3893	− 0.9075
lncpi	− 0.0812	− 0.2449	1	− 0.2164	0.2772	0.0885
lnefex	0.3567	0.2958	− 0.2164	1	0.4874	− 0.1105
hete	0.5312	0.3893	0.2772	0.4874	1	− 0.4071
fide	− 0.9377	− 0.9075	0.0885	− 0.1105	− 0.4071	1

由表 5 - 3 可以看出各解释变量间都存在不同程度的相关性，如果直接建立回归模型，会因为多重共线性导致结果偏差。因此通过主成分回归提取主成分，见表 5 - 4 和表 5 - 5。

表 5-4　　　　　　　特征值及累计方差贡献率

	Eigenvalue	Difference	Proportion	Cumulative
1	3.2973	2.0497	0.5495	0.5495
2	1.2476	0.1587	0.2079	0.7575
3	1.0889	0.8094	0.1815	0.9390
4	0.2795	0.2155	0.0466	0.9856
5	0.0640	0.0414	0.0107	0.9962
6	0.0226	0.0038		1.0000

表 5-5　　　　　　　主成分特征向量

	prin1	prin2	prin3	prin4	prin5	prin6
lngdp	0.5387	-0.0228	-0.1305	0.1700	-0.1394	0.8024
ln$iexp$	0.5179	-0.2019	-0.1382	0.1351	0.7612	-0.2723
lncpi	-0.0758	0.7774	-0.3865	0.4784	0.0746	-0.0783
ln$efex$	0.2550	0.1245	0.8017	0.4805	-0.1386	-0.1632
$hete$	0.3461	0.5721	0.2319	-0.7021	0.0772	-0.0162
$fide$	-0.5010	0.1077	0.3436	0.0097	0.6086	0.4989

如表 5-4 所示，第一、第二和第三主成分的累计贡献率为 93.9%，大于 85%，表明前三个主成分已经可以反映原来 6 个变量的 93.9% 的信息，因此选择前三个主成分建立模型。从表 5-5 可以得出前三个主成分的表达式为：

$$prin1 = 0.539 \ln gdp + 0.518 \ln iexp | 0.076 \ln cpi \\ + 0.255 \ln efex + 0.346 | ete | 0.501 fide \quad (5-2)$$

$$prin2 = | 0.023 \ln gdp | 0.202 \ln iexp + 0.777 \ln cpi \\ + 0.125 \ln efex + 0.572 | ete | 0.108 fide \quad (5-3)$$

$$prin3 = | 0.13 \ln gdp | 0.138 \ln iexp | 0.387 \ln cpi \\ + 0.802 \ln efex + 0.232 | ete + 0.344 fide \quad (5-4)$$

5.3.3　回归分析

以三个主成分即 prin1、prin2 和 prin3 作为解释变量进行回归分析，回归结果如表5–6所示。表5–6中,结果1为截距不为零的多元回归结果,结果2为截距为零的多元回归结果。从表5–6中可以看出,结果1中 prin2 不显著,结果2所有变量均显著。结果1调整后的拟合优度为0.7432,结果2调整后的拟合优度为0.7149,两种方法拟合优度均较好。我们选用结果2作为回归系数进行分析,可以得出方程(5–5):

$$\ln invo = 2.8330 prin1 - 10.9520 prin2 + 8.9855 prin3 \quad (5-5)$$

表5–6　　　　　　　　　　回归结果

变量	结果(1) 系数与P值	结果(2) 系数与P值
C	-37.2714**	
	(0.0329)	
prin1	4.5570***	2.8330***
	(0.0000)	(0.0000)
prin2	-4.3480	-10.9520***
	(0.2024)	(0.0000)
prin3	9.5437***	8.9855***
	(0.0000)	(0.0000)
Adj-R^2	0.7432	0.7149

注:括号内为统计量的伴随概率;***、**、*分别表示在1%、5%和10%概率下显著。

将(5–2)式、(5–3)式和(5–4)式代入(5–5)式中,可得原回归模型的估计方程:

$$\ln invo_t = 0.63\ln gdp_t + 2.46\ln iexp_t - 12.21\ln cpi_t$$
$$+ 6.58\ln efex_t - 3.18 ete_t + 0.46 fide_t \quad (5-6)$$

5.3.4　结果分析

通过上述分析,我们可以得出如下结论:

(1)经济规模的增加对人民币跨境贸易结算余额增长具有正向作用

经济规模的增加为人民币跨境贸易结算的增长奠定坚实基础。方程

(5-6) 中 lngdp 的系数为 0.63，说明经济规模与人民币跨境贸易结算余额同向移动。在数据取样期间内，国民生产总值每增加一个百分点，人民币跨境贸易结算余额将增加 0.63 个百分点。

(2) 对外贸易扩张对人民币跨境贸易结算余额增长具有正向作用

对外贸易扩张与人民币跨境贸易结算余额增长具有长期一致性。方程 (5-6) 中 ln$iexp$ 的系数为 2.46，说明我国对外贸易扩张对人民币跨境贸易结算余额具有正向作用。当我国进出口贸易总额增长时，人民币跨境贸易结算余额会同时显著增长。

(3) 币值稳定性对人民币跨境贸易结算余额影响显著

我国通货膨胀率的提高对跨境贸易人民币结算额的增加产生反向作用。方程 (5-6) 中 lncpi 的系数为 -12.21，这说明对内的币值越不稳定对跨境贸易人民币结算额具有重大负向影响。我国货币汇率提高对跨境贸易人民币结算额的增加产生正向作用。方程 (5-6) 中 ln$efex$ 的系数为 6.58，说明对外的币值稳定性对跨境贸易人民币结算额具有重大正向影响。虽然我国高通胀水平的经济环境对跨境贸易人民币结算额的提高具有负面影响，但由于人民币对美元一直处于稳中有升的趋势，持有人民币具备一定投资价值，国外出口商更倾向于使用人民币进行结算，使跨境贸易人民币结算额增加。

(4) 产品差异性对人民币跨境贸易结算余额的增加起负面作用

方程 (5-6) 中 hete 的系数为 -3.18。理论上产品差异性越大人民币国际化程度应越高，实证结论与理论分析不一致。原因在于在全球经济一体化的大前提下，产业内贸易水平的提高将降低比较优势，引起产品结构趋同。我国虽广泛参与产品内及产业内分工，但多数产品仍处于产业链的中低端，主要依托丰富的劳动力资源，出口商品技术含量不高，差异化程度较小，因此企业的议价能力较低，决定了我国缺乏对商品的定价权，从而对人民币跨境贸易结算产生反向效应。

(5) 金融市场的繁荣发展对人民币跨境贸易结算额具有正向作用

方程（5-6）中 fide 系数为 0.46。说明我国金融市场越发达，对人民币跨境贸易结算越有利。强有力的金融市场是人民币境内外稳定流通的重要前提。当前我国国内资本账户并未完全放开，国内金融市场并未完善。但人民币升值预期会造成现汇价格在离岸市场与在岸市场有显著差异，使套汇成为可能，进而使人民币收付出现"跛足化"等差异。

第 6 章 跨境贸易人民币计价结算的机遇与障碍研究

基于上文文献综述、现状分析、国际经验和实证研究中所得出的结论，我们结合中国基本国情和世界政治经济形势等因素分析我国目前实现人民币跨境贸易计价结算面临的机遇和挑战。

6.1 跨境贸易人民币计价结算的机遇

6.1.1 经济实力显著增强

据国际货币基金组织预测，对中国 2014 年、2015 年的经济增长预测与上年 10 月相比，分别从 7.2% 上调为 7.5%、7.1% 上调为 7.3%。许多新兴市场经济体和发展中经济体已开始受益于发达经济体经济复苏的加快和中国外部需求的增强。美国 2014 年的复苏将加快，经济增长将达 2.8%，2015 年为 3%。欧元区正处于从衰退到复苏的转折点，预计经济增长在 2014 年将提升至 1%，2015 年将提升至 1.4%。报告预计，新兴市场经济体和发展中经济体经济增长在 2014 年将升提至 5.1%，2015 年将达到 5.4%。

历经三十年的强劲增长，中国成为仅次于美国的世界第二大经济体。经济规模不断增大，经济地位逐步提高，提升了国外贸易商使用人民币计价的安全感。如图 6-1 所示，我国经济增长率明显高于美、英、法、德、日等发达国家，而以上六个国家为世界 GDP 排名前六的国家。

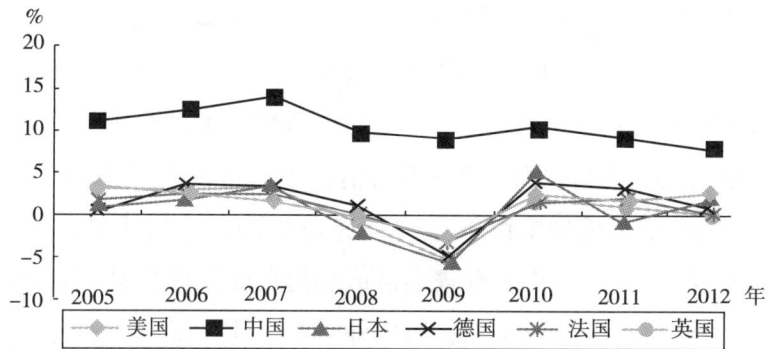

数据来源：世界银行相关资料。

图 6-1　各国 GDP 年均增长率

目前，我国不仅经济规模比较大，而且经济增速也非常快。我国具有地域广阔、人口众多，经济发展水平和消费能力参差不齐的特点，这就使我国经济呈现出多样性，比如行业更为齐全多样，产品门类丰富，市场纵深度大。从简单劳动到复杂劳动，从手工作坊到自动化工厂，从劳动密集型产业到高度资本密集型产业，无不呈现出我国经济的多样性特征。无论哪一种进口产品在我国境内都有可能面临较为激烈的竞争，我国国内市场对进口商品的价格波动较为敏感，而且我国人口基数大，需求对于单个境外出口企业来说影响较大，因此进口需求有较高的替代弹性，国外出口商有接受人民币计价结算的动机。

在有话语权和议价权的情况下，出口商为了规避货币风险，会选择发行国具有宏观经济稳定性和汇率稳定性特征的主权货币作为结算货币。甚至，在本国宏观经济和货币价值不稳的情况下，出口商有可能放弃本币计价转而采用第三方或者进口方货币计价结算。基于理论和历史路径分析，政治和宏观经济稳定、货币供给量增长适度、币值稳定的主权国家货币，更易于被选择为跨境贸易计价结算货币。在此方面，我国具有独特的制度优势，在经济管理中政策比较有效，能够对经济施加较大影响，通过政府投资，进而引导消费和资源配置，通过改变微观主体的预期，影响到微观主体的市场行为。我国的政策时效性较强，当遇到发达国家经济弱周期或者金融危机外溢时，我国政府能够通过行政干预、改变预期与市场杠杆三重措施一起发力，迅速达到政策效果，起到稳定经济、避免危机传染的效果。正是我国举国体制的制度优势，使我国宏观经济即使在经济开放度较高的情况下，也没有过多地受2007年美国次贷危机以及后来的欧洲主权债务危机冲击，仍然保持较高的增速。此外，我国对通货膨胀有较丰富成功的目标管理经验，通货膨胀率一直处于目标区间。近几年来，境内外市场主体一直看涨人民币，人民币的上述特征为人民币成为有竞争力的跨境贸易结算货币提供了强有力的支撑。

6.1.2 贸易地位明显上升

近年来，我国实行扩大内需的经济政策，促使经济增长向依靠投资、出口和消费协调拉动转变，增加消费的拉动作用，并推进贸易投资自由化和便捷化。与此同时，我国增大对进口促进政策的支持力度，积极拓宽进口平台和渠道，促进贸易平衡发展，积极发挥进口对经济平衡和产业结构调整的正面作用。因而，近年贸易平衡状况明显改善，顺差占国内生产总值的比重呈下降趋势。据商务部统计，我国2012年贸易顺差已呈减少趋势，并已处于国际公认的合理区间。2013年，中国货物进出口总额为4.16万亿美元，其中出口额2.21万亿美元，进口额1.95万亿美元。

对外贸易高速增长，使我国在全球贸易中的地位持续上升，成为世界贸易格局的重要制衡力量。据统计，2012年我国货物出口额居世界第一位，进口额居世界第二位，在服务贸易上居全球第三位。2013年，我国全年服务贸易规模再创历史新高，根据世界贸易组织秘书处初步统计数据，2013年中国已成为世界第一大货物贸易国。2013年，中国货物进出口总额为4.16万亿美元，其中出口额2.21万亿美元，进口额1.95万亿美元。中国企业在贸易地位提升中获得了一些有利条件和话

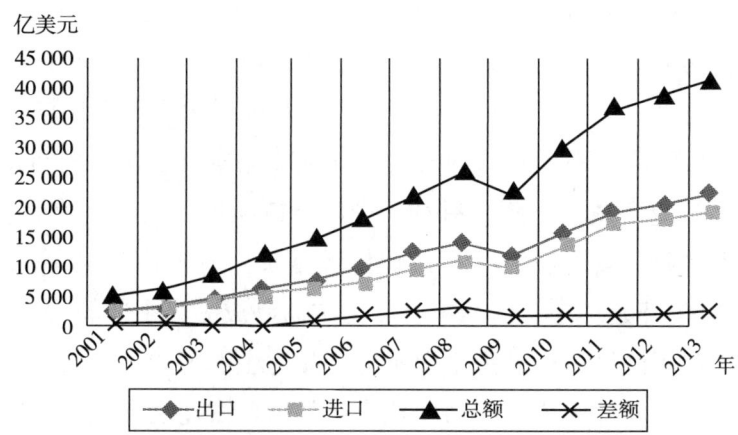

数据来源：中国商务部相关资料。

图6-2 2001—2013年中国贸易额与贸易差额变化图

语权。在推进人民币跨境结算过程中，我国出口商受到更多政策的优惠和鼓励，大范围使用人民币结算，也会对贸易对手国产生较大影响，使更多的从我国进口劳务和商品的小国和小企业愿意在跨境贸易中使用人民币作为计价结算工具。随着贸易份额增长，由于我国在经济小国的市场份额相当大，我国出口价格对当地市场价格有较大影响。我国出口商使用人民币结算，带来的汇率波动会对经济小国行业和出口商前后端的生产成本产生影响，进而影响到其市场价格竞争力，为了规避此类成本波动性，小国贸易商有动机在跨境贸易中使用人民币进行计价结算。而且对当地货币而言，通常人民币又是币值更为稳定的货币。贸易与产业结构改善对扩大人民币跨境贸易计价结算份额具有不容忽视的作用。一般贸易具有附加值高、产业链长的特征，其占比增加反映出我国贸易的优化。不受跨国公司母公司左右的一般贸易份额增加，意味着出口企业在选择贸易计价货币方面有更多的自主权，有可能提高人民币计价的份额。从国别和地区结构看，中国近年对新兴市场的贸易增长明显快于对欧美日等发达国家，对发达国家出口的依赖程度继续减轻。在与新兴市场国家的贸易中，为了规避中介货币波动的汇率风险、减少货币的交易费用，可以逐渐创造条件，逐步放弃中介货币转而选用我国本币计价，以实现利润最大化。此外，中国高附加值出口产品占比不断提高，能够有效降低出口产品的可替代性，增加产品的差异度。随着中国出口产品替代弹性的下降，中国出口商被动跟随主要竞争对手使用相同计价货币的"聚集效应"就会下降，有利于中国出口商采用人民币计价。

从出口看，高附加值产品占比持续增加。我国出口商品结构从20世纪80年代开始实现了由初级产品为主向制成品为主的转变，到90年代继而实现了由轻纺产品为主向机电产品为主的跨越。近几年来，以信息技术和电子元件为代表的高新技术产品出口占比逐步扩大。我国显示器、手机、电视机、笔记本电脑、集装箱等50多种产品出口量居世界首位。从进口看，设备、关键零部件和先进技术的进口稳步增长，大宗能源资源类产品进口规模持续扩大。政府出台了降低关税、提高贸易便利化、进口贴息等一系列政策措施，有效地扩大了先进技术、能源资源、关键设备、零部件的进口，适度扩大了消费品进口。从市场结构看，呈现出市场多元化、市场布局优化。金砖国家、东盟等新兴国家和发展中国家占我国贸易比重持续上升，传统发达国家贸易占比呈现出下降走势。多双边和区域经贸合作增强，成功签署了一些自贸区协定。2013年，欧盟、美国、东盟、中国香港和日本为我国大陆五大贸易伙伴。其中，我国对欧盟、美国的双边贸易额分别为5 590.6亿美元、5 210亿美元，分别增长2.1%、7.5%；对日本的双边贸易额为3 125.5亿美元，下降5.1%；对欧美日三国贸易额占我国外贸总额的33.5%，同比下滑1.7个百分点。同期，中国对东盟、南非、中亚五国等新兴市场国家双边贸易额分别为4 436.1亿美元、651.5亿美元、502.8亿美元，分别增长10.9%、8.6%、9.4%。此外，内地对中国香港的双边贸易额为4 010.1亿美元，增长17.5%。

6.1.3 币值稳定吸引贸易企业选择人民币计价

币值稳定，对于国内指的是具有较低的通货膨胀率，对于境外指的是汇率稳定，不出现大起大落。避险动机是影响贸易计价货币选择的关键因素。通过合理选择计价货币，获得汇率波动的额外收益，弥补因生产规模扩大而增加的边际生产成本，成为越来越多的出口商选择计价货币的动因之一。自 2008 年国际金融危机以来，欧美各国纷纷采取量化宽松政策，致使主要国际货币波动幅度较大，出口商在贸易计价货币选择时表现出更强烈的避险动机，在替代弹性不高的出口行业，许多中国出口商采用有升值趋势的人民币计价。

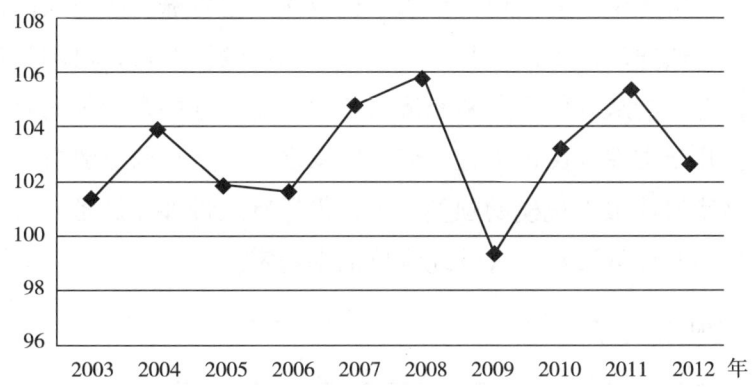

数据来源：国家统计局相关资料。

图 6-3　我国近年来 CPI 走势图

从对内币值来看，如图 6-3 所示，我国的 CPI 近年来都处于低通胀或者说温和通胀的水平，最高在 2007 年，CPI 指数达到 106，此后几年一直处于温和合理的通胀水平。从对外币值来看，如图 6-4 所示，人民币对美元一直处于缓慢升值状态，这个状态不仅说明我国币值稳定，同时也体现出是人民币近几年来一直存在升值预期。

而自 2014 年 2 月以来，人民币对美元的汇率发生逆转，之前几年一直是单边呈上升趋势，自 2 月中旬以来转为下行趋势。市场分析认为这是央行在保持人民币汇率的基础上逐渐扩大双向波动区间的举措。据官方贸易收支数据，2014 年 1 月我国的货物贸易顺差大概是 320 亿美元，巨大的贸易顺差仍然是支持人民币坚挺的理由。经过 30 年的改革发展，我国经济已具有一定开放度，总贸易额已位居世界第一位。我国汇率对经济和金融的稳定运行具有重要意义。以我国的经济实力和贸易情况来，汇率长期仍将保持稳定，有可能扩大双向浮动的区间，从而推进汇率的市场化形成机制。

很多因素都能够支撑人民币汇率保持稳定。一是我国作为经贸大国，其实力基础支持人民币坚挺。二是我国具有巨额的外汇储备，也是我国币值稳定的基础。三是我国利率水平明显高于大部分国家和地区，根据利率平价理论，人民币汇率水平也应该平稳看涨。四是人民币升值预期，国际热钱涌入中国，我国经济长期保持较快增长，对国际热钱形成吸引，希望能从升值预期和经济增长中获益。这些在国际间套利的热钱是过去几年支撑人民币单边升值的因素之一。从目前形势看，我国贸易收支仍然保持很大规模的顺差，央行仍保有大量外汇储备，可择机用于应对市场的异常波动，有效地维持汇率稳定。

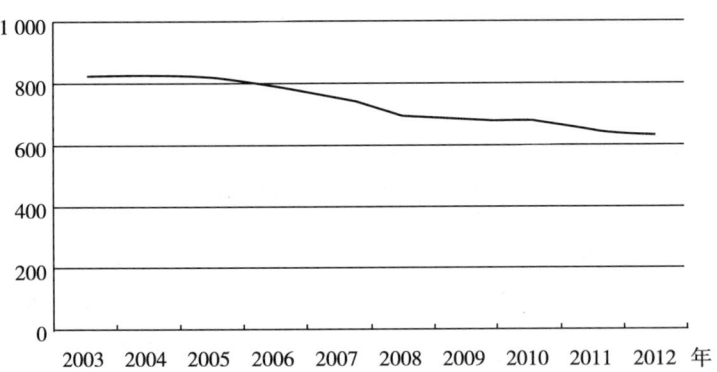

数据来源：中国统计年鉴。

图 6-4　人民币对美元汇率走势图

人民币作为一种信用货币，具有币值稳定的特征。我国在保证币值稳定方面除了具有可观的经济贸易规模和强大的外汇储备支撑之外，还具有独特的制度优势，可以在一定程度上抵御国际热钱的冲击。总之币值稳定在一定程度上吸引了贸易企业选择人民币进行计价结算。

6.1.4 跨境贸易人民币计价结算的潜在需求在增长

（1）东亚"10+3"区域贸易格局奠定了人民币结算的基石

从2000年5月开始，东盟十国、日本、中国和韩国财长会议在泰国清迈召开，各方就进一步加强亚洲地区贸易和金融合作问题达成一致，并共同签署《清迈协议》，自此"东亚10+3"体制正式确定。随着经济全球化和亚太地区区域内经济贸易合作的逐渐深入，区域内产业分工不断细化，成员间贸易结构互补性加强，市场容量不断扩大，中国与"东亚10+3"体制成员间贸易额逐年增加，"东亚10+3"体制成员间贸易成为目前世界上贸易扩展最为迅速的地区之一。2008年以来，中国与东盟国家不断加强沟通交流，化解分歧，扩大贸易互补性，2012年中国与东盟贸易额同比增长10.3%，高于整体增幅4.1个百分点。2012年东盟超过日本成为中国的第三大贸易伙伴，占中国外贸的比重为10.3%。

2008年国际金融危机后，在美国相继推出量化宽松货币政策、欧元区债务危机阴霾笼罩、日本经济萎靡不振市场利率逼近零点的背景下，"东亚10+3"成员国对欧美市场贸易顺差所带来的巨额外汇储备存在贬值风险，欧元、美元汇率波动加剧了区域内进出口企业的汇率风险和交易成本，"10+3"区域贸易市场主体广泛存在摆脱第三方货币的合理诉求。考虑到中国和"东盟十国"以及日、韩之间紧密的贸易依赖关系以及未来巨大的发展潜力，充分发挥人民币在"10+3"区域贸易中计价结算职能面临良好的机遇。

（2）拉美、非洲等发展中国家拓展了人民币结算的空间

自20世纪70年代起，新兴经济体、发展中国家积极开放国内市场、广泛参与国际竞争，迅速融入全球经济一体化之中，世界贸易格局发生巨大改变，发展中国家及新兴经济体在国际贸易增量中的比重不断上升，尤其是2008年金融危机之后，发展中国家、新兴经济体间经贸

往来成为拉动国际贸易增长的主要引擎。与此同时，中国及其他新兴经济体、发展中国家也充分利用各国资源禀赋差异优势，培育并发展比较优势产业，积极搭建贸易促进平台，妥善处理贸易摩擦，舒缓贸易结构不平衡压力，经贸往来日益密切。如图6-5、图6-6所示，2013年中国对非洲、拉丁美洲贸易进出口总额分别达2 102.4亿美元、2 615.7亿美元，中国对俄罗斯、澳大利亚、巴西、印度、南非等新兴经济体国家进出口贸易总额分别达到892.1亿美元、1 363.8亿美元、902.8亿美元、654.7亿美元和651.5亿美元，分别占中国贸易总额比重2.2%、3.3%、2.2%、1.6%和1.6%。另外，我们发现新兴经济体、发展中国家均为非主要货币发行国，中国与其进出口贸易额不断增加、相互之间贸易地位不断提高，这为中国与其双边贸易中逐渐降低第三方货币使用范围、广泛采用人民币计价结算、规避双边进出口企业汇率风险、降低交易成本提供了巨大的潜在需求。

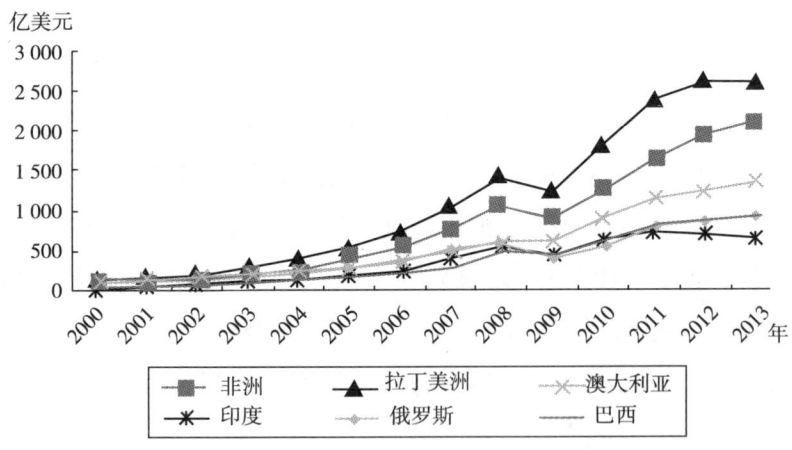

数据来源：中国商务部相关资料。

图6-5 非洲、拉丁美洲及部分新兴经济体对华贸易总额

以中拉经贸关系为例。2008年中国加入美洲开发银行后，中拉贸易大幅度增加，较10年前增长了16倍。中国海关总署统计，2012年中

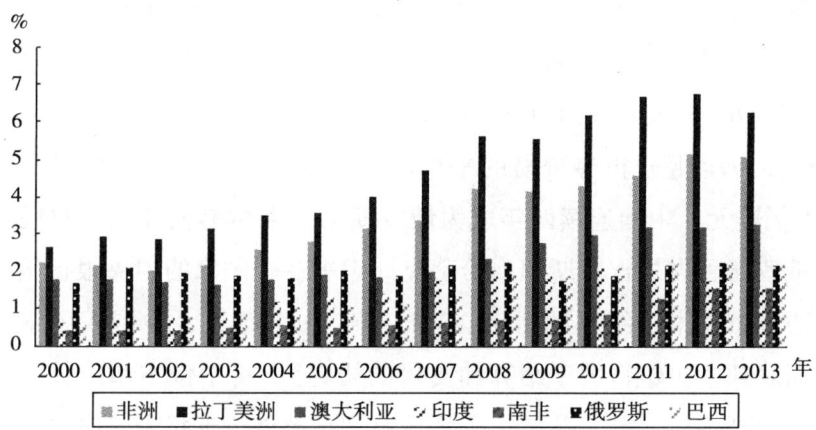

数据来源：中国商务部相关资料。

图 6-6　非洲、拉丁美洲及部分新兴经济体对华贸易占比

拉贸易逆势增长，总额达 2 612.43 亿美元，同比增长 8.18%，2013 年继续保持良好态势，贸易总额达到 2 613 亿美元。目前，中国已成为拉美第二大贸易伙伴国和主要投资来源地之一。同时，中国已与智利、秘鲁和哥斯达黎加签署了双边自贸协定。2012 年 6 月，时任国务院总理温家宝在圣地亚哥联合国拉丁美洲和加勒比经济委员会发表演讲，倡议成立中拉合作论坛，提出中拉双方要发展平衡、可持续的贸易关系，力争未来五年双方贸易额突破 4 000 亿美元。美元是拉美地区最有影响力的传统货币，拉美各国央行的外汇储备均以美元为主。金融危机爆发后，拉美国家一直在积极实施贸易和投资多元化的战略，减少国民经济和外汇储备面临的风险。随着中拉贸易的迅猛发展，拉美国家对于人民币跨境贸易结算业务兴趣十分浓厚。2012 年，中国进出口银行与美洲开发银行谈判建立一项人民币基金，数额相当于 10 亿美元，支持拉美基础设施建设。此外，在双方签署协议中，中国进出口银行承诺提供 2 亿美元资助中国与拉美地区的贸易，其中一部分使用人民币履行承诺。随着中拉贸易的不断推进，预计未来人民币在中拉贸易结算中将发挥越来越大的作用。

自上合组织2001年成立以来，中国与上合组织的其他成员国的双边及多边贸易不断发展和深入。上合组织国家对华进出口贸易总额从2001年的65.38亿美元上升至2012年的1 201.86亿美元，平均年增幅约35%，远远超过世界贸易的平均增长水平。2013年中俄贸易总额达892.1亿美元，中国连续四年成为俄罗斯第一大贸易伙伴国。目前中国已与俄罗斯、吉尔吉斯斯坦、哈萨克斯坦等多个国家的中央银行签署了有关边境贸易本币结算的协定。2011年，中俄签署《中国人民银行与俄罗斯联邦中央银行关于结算和支付的协定》，将中俄本币结算从边境贸易扩大到一般贸易，并扩大了地域范围。此外，近年来，中央银行与一些国家签署了双边本币互换协议，继续扩大本币互换和结算合作，促进区域金融合作机制化。可以预见，人民币在这一区域的贸易结算以及金融体系中将发挥越来越重要的作用。

金砖国家经济联系不断加深，四次首脑会晤奠定了广泛合作发展基础。2009年6月16日，金砖国家领导人在俄罗斯叶卡捷琳堡进行首次会晤，正式启动了金砖国家之间的合作机制。2010年4月15日，金砖国家领导人第二次会晤在巴西首都巴西利亚举行，发表《联合声明》。2011年4月14日，金砖国家领导人齐聚中国海南，举办新成员国南非参加的首次会晤，"展望未来，共享繁荣"，通过了《三亚宣言》，为金砖国家进一步拓展和深化合作奠定了良好基础。2012年3月28日至29日，金砖国家领导人第四次会晤在印度首都新德里举行，就全球治理和可持续发展等议题展开重点讨论，会议提出新计划设想，设立合作开发银行，金砖国家合作逐渐从宏观政治合作向具体经贸务实合作方向发展。

（3）对外投资带动贸易的模式提高了人民币的接受认可度

为了充分利用国内外两个市场、两种资源，中国企业"走出去"的步伐不断加大，呈现出以下特征：一是对外投资规模迅猛提升。我国对外直投规模从2002年到2012年这十年间从27亿美元增至772.2亿美元，增长了近28倍。2008年金融危机以来世界投资大幅下滑，但我国对外直投仍逆势增长。二是对外投资多样化。从2003年到2013年，我国境内企业跨国并购类对外直接投资金额占同期对外直投总额的五成以上。该种并购类型可以获取境外能源资源、营销网络和技术品牌，比如吉利收购沃尔沃、联想收购IBM的PC业务等重大并购案。另外，我国企业参与境外大型投资项目方面也有突破。境外经贸合作区取得阶段性进展，截至2011年共在13个国家建设了16个合作区。三是对外投资市场多元化。地区和行业分布广泛，截至2013年境内投资者对外直投遍布全球178个国家和地区，澳大利亚、新加坡、维尔京群岛、开曼群岛等国家和地区成为对外投资首选目的地，行业也涉及批发和零售业、商务服务业、采矿业、交通运输、制造业等领域。对外承包工程市场在做大做强亚非传统市场的同时，扩展到拉美、中亚等非传统市场。

总之，通过大规模直接投资，中国已成为全球第六大投资国，在欧洲、美洲、非洲、亚洲并购了众多的当地企业，将国内的生产、销售向国际市场转移。随着中国境外子公司的增加，中国企业对国际市场的主导权逐步上升，这一方面有利于带动贸易，另一方面也提高了中国企业的定价权。特别是当中国的跨国公司用人民币直接投资时，选择人民币进行跨境贸易结算就是理所当然的事情。

6.2 跨境贸易人民币计价结算的主要障碍

6.2.1 我国对外贸易规模大但竞争力不强

推进人民币跨境贸易计价结算，不仅需要从宏观着眼，从制度、规章、政策安排发力，也要从微观贸易企业着手，提升企业话语权和议价能力，改变国际贸易货币选择的微观基础。为了控制汇率风险，出于利润稳定性考虑，出口商倾向于使用本币进行跨境贸易结算，这样就可以将汇率波动引起的风险转给国外进口商承担。进口商也有相似的经济考虑，进口商调整进口需求，进而影响到出口企业的产量，因此最后货币选择往往是力量博弈的结果。这种力量博弈，根本在于产业内的竞争程度、产品的差异性。如果行业内存在激烈竞争，在汇率波动情况下，会出现剧烈的产出波动，产量波动会使企业的平均边际成本上升。出口企业有动机放弃本币结算带来的控制风险的好处，而采用其他方式规避汇率风险，顺从进口国采用其货币结算。

行业的替代弹性是度量行业竞争程度的主要指标。替代弹性越高，行业竞争程度越高，价格变动对商品需求量影响越大。一国的出口弹性的算法是由各出口行业替代弹性的加权平均得到，各行业权重为该行业的出口份额。如果商品替代性高的行业的出口份额较大或者大部分出口行业的商品可替代性较高，该国出口替代弹性就越大，该国出口企业就面临较为激烈的竞争，出口企业在跨境贸易中的话语权就比较弱。2012年底，我国的出口替代弹性为 -3.373，就是说出口价格涨 1 个百分点，出口额会下降 3.373 个百分点。我国出口产品的替代性较高，出口企业处于经济利润的考虑，没有坚持使用人民币计价结算的底气。

然而，国际路径表明，美、日、英、法、德等主要货币发行国出口产品的平均可替代性并不比我国低，但这些国家的贸易企业仍然有条件且实现了使用本币计价结算。可见，货币在跨境贸易结算中的优势不只是来自其产品的差异性，出口产品差异性高也许并不是导致人民币结算份额偏低的决定性因素，也就是说，提高人民币出口贸易结算份额如果只是一味地通过降低出口产品可替代性，不只是时间周期会比较长，而且不一定能达到预期效果。

如果贸易定价权在本国贸易企业手中，出口企业出于经济理性人的自利法则会选择最合乎其利益的货币来降低边际成本提高利润，以实现利润最大化。在国际贸易买方市场中，定价权落入进口商手中。出于成本和风险考虑，进口商一般会选择本国货币跨境结算。但当出口商品差异度较低时,使用进口国货币结算也是出口商的最好选择。毫无争议地,使用进口国货币就是跨境贸易计价结算的博弈均衡点。当出口商品的差异度强时,出口企业在谈判中具有较大的话语权,会选择使用出口国本国货币结算,此时博弈结果由谈判力量决定。

(1) 贸易谈判议价能力低

在全球 500 强中我国企业占有 70 多席位,细数起来也并不算低。但为什么在跨境贸易中我国贸易企业没有谈判议价能力呢?我们从以下几个方面进行分析。

一是我国缺乏具实质竞争力的本土跨国企业。与改革开放前相比,在通讯、计算机、家电等部分行业,我国虽然拥有了像海尔、联想、百度、华为等具备跨国经营能力的境内企业,但与国际知名老牌跨国企业相比较,我国的这些品牌企业在创新能力、品牌口碑及资本实力方面都不能够与微软、三星、松下等公司相提并论。在航空、机械、汽车、集成电路等现代制造业领域,我国公司与产品口碑也与全球一流公司的差距明显。在低端制造领域,我国具有一些两头在外的外资控股跨国型企业,更只是作为全球产业链中的加工装配中转站。一个比较危险的现实是,在我国制造产业中由外资控股的比例甚至已经超过了七成,制约了本土企业涵养自身的竞争优势,而越发依赖于外资控制的全球渠道与核心技术。

二是由于缺乏品牌和核心技术,中国的出口产业大都属于劳动密集型以及出口加工型贸易,依赖于廉价的劳动力和政策支持,产品附加值相对较低,处于全球生产链条的底端。出口企业主要利用国内综合要素成本较低的优势,采用低价策略占领国际市场。随着国内劳动和资源成本日趋上升,旧有的竞争优势在不断消逝,凭借低价竞争抢占市场的策略难以为继。目前我国政府开始着手培养企业以品牌、技术、服务为核心的出口新优势,然而完成此过程需要一个较长的周期,并非一日之功。加工贸易使得我国企业安于现状没有动机进行技术创新,对于研发投入较少，对吸收新技术也形成掣肘，就这样陷入了低技术—低收入—低研发投入—低技术的恶性循环。中国的创新综合能力，与美、日相比较，难以望其项背，特别是企业吸收新技术的能力，该指标我国在参评的 148 个国家与地区当中只排到第 71 位，在某种程度上可以说明企业吸收新技术的能力弱，并导致产品附加值低（见表 6–1）。

表 6–1　　　　　　　　　创新能力及技术吸收排名

国家	2011 年（142 国）	2012 年（144 国）	2013 年（148 国）
创新综合能力			
日本	1	1	3
德国	3	3	4
美国	7	7	7
英国	13	12	12
中国	23	23	32
企业吸收新技术程度			
日本	3	4	6
美国	18	14	9
德国	14	16	16
英国	22	23	24
中国	61	71	71

数据来源：世界经济论坛相关资料。

三是我国企业主要处于全球产业链组装加工环节，关键技术和零件不掌握在我国企业手中，加工利润率较低。比如在电子产品中，国内企业只是收取其中低廉的加工费用，不具有核心的元器件生产能力，完全没有定价的空间，利润非常微薄。在 2013 年，世界经济论坛（World Economic Forum）发布的全球竞争力报告中，我国的劳动生产率排名仅位于第 34 位，完全无法与英、美、日等发达国家相媲美，不过优于被主权债务危机拖累的德国。世界经济论坛是总部设在日内瓦的国际组织，旨在增进国际经济合作与交流，该组织从 1979 年就开始撰写全球竞争力报告对各成员国的竞争情况进行比较分析（见表 6-2）。

表 6-2　　　　　　　　　　劳动力市场效率排名

国家	2011 年（142 国）	2012 年（144 国）	2013 年（148 国）
美国	4	6	4
英国	7	5	5
日本	12	20	23
中国	36	41	34
德国	64	53	41

数据来源：世界经济论坛相关资料。

（2）全球贸易综合竞争力排名与贸易大国地位不匹配

国内产业结构合理和产业成熟是其贸易强盛的基础。我国贸易周边产业综合实力不强，商业成熟度较低，与主流货币发行国的美国、日本、英国等差距较大。贸易企业发展的整体竞争环境与国际标准相差较大，商业市场化程度不高。世界经济论坛每年都会对各国综合经济竞争力进行评估排名，按照市场成熟度、商业环境等指标综合打分。2013 年我国的全球经济竞争力综合排名仍然在第 29 位，与 2012 年持平，与 2011 年相比下降了 3 个位次，而现行国际货币体系内主流货币发行国排名都在前十名以内。

表 6-3　　　　　　　　　　全球竞争力排名

国家	2011 年（142 国）		2012 年（144 国）		2013 年（148 国）	
	得分	排名	得分	排名	得分	排名
德国	5.40	6	5.5	6	5.51	4
美国	5.40	5	5.5	7	5.48	5
日本	5.40	9	5.4	10	5.40	9
英国	5.40	10	5.5	8	5.37	10
中国	4.90	26	4.8	29	4.84	29

数据来源：世界经济论坛相关资料。

商业成熟度是度量基础设施、配套服务、国际贸易供求、组织价格影响能力等实力的综合指标。2013 年，主流货币发行国的商业成熟度排名都在前十名之内,日本排名首位(见表6-4),我国则仅排在第45位。当地供货商质量指标我国排名第69位,而日、德、美、英分别列第2、第4、第10、第18位;在商业竞争优势指标我国列第53位,而日、德、美、英分别列第2、第4、第8、第17位;国际市场分配控制能力指标,我国列第48位,而日、德、美、英分别列第2、第4、第6、第16位。可以看出,虽然我国贸易企业数量多且分布广泛,但产品质量和差异度不高,生产流程落后,市场化程度低,国际市场分配控制能力不足,造成了我国贸易竞争力整体偏低。

表6-4 商业成熟度排名

国家	2011年(142国)	2012年(144国)	2013年(148国)
商业综合成熟度			
日本	1	1	1
德国	4	3	3
美国	10	10	6
英国	8	8	9
中国	37	45	45
当地供货商质量			
日本	3	3	2
德国	4	4	4
美国	13	14	10
英国	21	18	18
中国	59	66	69
商业竞争优势			
日本	1	2	2
德国	4	4	4
英国	5	6	8
美国	20	18	17
中国	45	56	53
国际市场分配控制能力			
日本	1	1	2
德国	4	3	4
美国	9	10	6

续表

国家	2011年（142国）	2012年（144国）	2013年（148国）
国际市场分配控制能力			
英国	20	14	16
中国	37	41	48
生产流程成熟度			
日本	1	1	1
德国	3	3	3
美国	15	11	7
英国	17	17	14
中国	52	57	58
商业市场化程度			
英国	2	1	1
美国	3	3	2
德国	10	7	6
日本	9	10	9
中国	43	52	50

数据来源：世界经济论坛相关资料。

在我国，虽然价格的市场化形成机制日益健全，但在利率、土地、能源等方面的要素和资源没有实现完全市场化，存在一定程度价格管制。资源配置与帕累托最优的水平还有一定距离，商品市场效率较低。2013年，中国在148个国家的商品市场效率中排在第61位，比2012年落后了2位，并远远落后于国际主流货币发行国。因此，我国在国际贸易市场中一直没有获得相对主导地位，而且差距较大（见表6-5）。

表6-5　　　　　　　　　商品市场效率排名

国家	2011年（142国）	2012年（144国）	2013年（148国）
商品市场综合效率			
英国	19	17	14
日本	18	20	16
德国	26	21	21
美国	24	23	20
中国	45	59	61

续表

国家 市场主导程度	2011 年（142 国）	2012 年（144 国）	2013 年（148 国）
德国	3	2	2
日本	2	3	3
英国	6	6	9
美国	11	9	10
中国	20	23	23

数据来源：世界经济论坛相关资料。

另外，在我国的一般贸易进口中，主要的大宗初级产品进口都来自国际少数几个资源垄断巨头，限制了我国进口企业的谈判能力。在人民币看涨时，国外贸易伙伴愿意选择人民币结算；而在人民币相对美元看跌时，这些贸易商又转而选择美元或者其他国际货币计价结算。最近几年，由于大部分发达国家仍陷入危机深潭，人民币升值预期较强，使跨境贸易人民币计价结算比例上升，而这样的比例上升并不是均衡的上升，其中出口贸易人民币结算比例偏低，进出口贸易中人民币结算比例较高。

（3）出口商品替代性小

我国出口产品在境外市场所占份额，也会明显影响外国进口企业的结算货币选择。通常，出口产品份额越大，对当地国家市场价格的影响就越大。当地进口企业为了避免投入成本波动，就会有较强的意愿选择人民币计价。东盟是中国主要的出口地区，在鞋帽、纺织制品、毛皮制品、石料、木制品及机械产品中，东盟国家的进口贸易中中国所占份额都超过了两成，表明东盟国家对中国的一些行业出口产品有很高的依存度，已然大大高于日本（见表6-6）。

表6-6　　　　　东盟对中国分产品进口依存度　　　　单位:%

HS类别	2010年		2011年	
	对中国	对日本	对中国	对日本
第十二类	53.16	0.90	52.28	1.01
第二十类	38.53	10.69	40.63	10.10
第十一类	31.98	5.57	31.73	4.86
第十三类	29.31	17.63	27.70	17.37
第八类	20.23	1.65	25.67	1.88
第九类	16.74	1.06	21.49	1.63
第十六类	18.74	15.20	20.09	14.81

在东盟的进口市场中，尽管份额可观，但除了机械产品以外，其他产业相对来说可替代程度较高、技术含量较低。由表6-7可以看出，我国的大米、玉米和集成电路的出口替代弹性大于1，主要出口商品平均需求价格弹性的绝对值大于我国主要进口商品平均需求价格弹性的绝对值，说明我国的贸易产品差异程度低，出口商品面临激烈的竞争，企业的议价能力和话语权不高。

表6-7　　　中国主要出口商品和进口商品需求价格弹性

主要出口商品	弹性	主要进口商品	弹性
生猪	-0.23	大豆	0.48
大米	-1.29	食用植物油	0.01
玉米	-3.16	铁矿砂及精矿	0.43
成品油	0.06	成品油	0.06
塑料制品	0.08	原油	0.33
生丝	-0.59	初级形状的塑料	-0.49
钢材	-0.34	纸浆	-0.005
集成电路	-1.50	钢材	-0.7
集装箱	-0.30	未锻造的铜及铜材	-0.02
摩托车	-0.45	未锻造的铝及铝材	-1.46
自动处理设备	0.13	金属加工机床	-0.57
发动机与发电机	-0.71	汽车及汽车底盘	3.31
		飞机	-0.58

数据来源：杨菊洪：《我国贸易条件变化的进出口需求价格弹性分析》，载《中国市场》，2012(23):72-73,101。

（4）原有优势逐渐失去而新优势尚未形成

随着刘易斯拐点的逼近和国际贸易摩擦增加，国内综合成本上升等一系列问题将不可避免，这是主流贸易强国都曾遇到过的问题。传统比较优势逐渐消逝的同时，要继续保持对外贸易的竞争力，就需要转变外贸发展方式、升级传统产业结构，努力培养以品牌、质量、技术、服务为核心的竞争新优势。原有优势的削弱主要体现在以下两方面。

一是以低成本为核心的传统比较优势逐步削弱。根据国际劳工组织的调查，截至2011年底，中国东部沿海地区最低工资普遍高于东南亚国家，例如江苏省是154美元，上海市是230美元，同期，印度尼西亚的东爪哇省是78美元，首都雅加达是142美元，越南44美元，柬埔寨61美元。二是劳动力总量与结构变化增加招工难度。从总量看，据预测，2015年左右中国劳动力总量将达到峰值，之后缓慢下降。从结构看，目前中国城镇农民工中，1980年以后出生的比重已占到50%左右，与老一辈相比，新生代农民工对工作要求更高，从事传统劳动力密集型工作的意愿在下降。招工难已经成为普遍性问题。

在中国的一般贸易出口中，可替代性高的劳动密集型产品的份额高达40%；技术密集型产品虽超过一半，但其中以机械产品和电子产品出口为主。此类产品的差异性较其他技术密集型产品小，可替代性也比较高。如前所述，中国整体的出口替代弹性在-3.5左右，表明中国存在较高的出口替代弹性，出口商品价格平均每上升1个百分点，出口需求数量将下降3.5个百分点。在替代弹性比较高的出口商品计价中，一旦某种货币取得先机，被广泛使用于国际贸易计价，就会逐渐形成一种很强的惯性，出口商一般不会轻易替换计价货币。因为替换计价货币很可能造成交易成本上升或者国外需求数量下降，使出口商在国际竞争中处于劣势。受益于近年来推动的产业结构升级，我国贸易结构得到一定程度的改善，但仍然在全球产业链上处于中低端的位置。中国进出口贸易一半为外资企业贸易和加工贸易，外资企业主导的贸易通常会使用外币计价结算,方便其国外总公司进行汇率风险财务管理、资金规划。加工贸易的供求均受制于跨国企业,中国出口企业在贸易谈判中几乎没有话语权。根据历史经验,很多国家都有从中低端起步融入国际经济一体化的历史,而随后成本优势不在,需要培养新的品牌和技术优势。我国目前的困境在于旧有优势已逐步削弱甚至消逝,但新的优势形成需要一定时间积累。

6.2.2 人民币交易成本偏高

外汇交易成本是国际贸易、国际投资货币选择的重要决定因素。外汇交易成本较低的货币,在国际贸易和国际资本流动中被采用的概率较大。实际上,一旦某种货币被广泛使用,就会形成一种惯性,将会被更多地采用。因为使用该种货币的人越多,使用的范围越广,该货币的市场流动性会变得越来越高。在获得规模效应后,该货币的交易成本还会进一步降低,形成交易费用低和流动性高的良性循环。例如,现行的主要国际货币美元就具有交易费用低、流动性高的特征,绝大多数国际交易主体都乐意采用美元结算。

由于跨境贸易人民币结算规模较小、人民币可兑换程度低且金融市场不够发达,人民币外汇交易成本比其他主要货币高。偏高的交易成本成为阻碍人民币跨境贸易结算的一个重要原因,在一定程度上制约了人民币的国际化进程。据统计,在过去的五年中,外汇市场上人民币的交易成本远高于美元的交易成本。人民币偏高的交易成本,直接降低了其作为跨境贸易结算货币的吸引力。尽管人民币结算节省了单笔交易的换汇成本,但如果贸易企业的其他业务中仍有外币结算,那么从单笔人民币结算交易中节省的成本可能不足以抵消其他业务中增加的汇兑成本。例如,某贸易企业第一笔出口交易用人民币结算,获得人民币收入;第二笔进口交易用欧元结算,企业需要支付人民币换欧元的交易成本。如果第一笔交易不以人民币结算而是以美元结算,那么在第二笔欧元交易中，需要支付的是美元换欧元的交易成本。由于美元的交易成本低于人民币，企业选择在第一笔交易中用美元结算，显然可以在第二笔进口交易中节省交易费用。因此，除非企业的大多数对外贸易都用人民币结算，否则人民币偏高的交易费用可能抵消甚至超出部分交易人民币结算的好处，使精打细算的国内贸易企业拒绝使用人民币计价结算。贸易伙伴国别多元化是中国贸易的一大发展趋势，这有利于提高贸易企业的谈判能力。然而，除非提高的谈判能力足以促使更多的贸易伙伴国采用人民币结算，否则贸易伙伴多元化带来的结算货币多元化会进一步减弱贸易企业使用人民币结算的动机。

造成人民币外汇交易成本偏高的一个重要原因是能与人民币直接交易的货币品种较少，截至2012年，仅有美元、日元、卢布等9种直接交易的货币。如果企业贸易结算使用的货币不是这9种货币，在进行人民币外汇交易时则需要首先将人民币兑换成美元，然后再将美元兑换成相应的外币，即用人民币购买这些外币需要支付两次交易成本。因此，在外汇市场上推广人民币和非美元货币的直接汇兑，可以降低交易成本。例如，2012年6月1日，人民币对日元开始进行直接交易，大大降低了人民币兑日元的交易成本。

交易成本越低，被选择为出口计价货币的可能性就越大。外汇交易成本高低很大程度上取决于市场规模，市场交易规模与交易成本负相关。例如，美元等国际主要货币，在外汇市场交易中份额较高，交易成本较低，在贸易计价货币选择中具有优势。实际上，国际贸易引致的外汇交易规模大大低于资本流动产生的金融交易规模，二者往往相差数百倍。中国实行资本账户交易管制，人民币外汇交易大多限于经常项目。这就造成人民币外汇交易规模相对较小，无法与那些没有资本管制的主要货币相比。缺乏规模效益，人民币的交易成本较高，自然没有竞争优势。此外，人民币可直接兑换的币种较少，对许多外币的交易需要通过美元进行套算，相当于要多支付一笔手续费，客观上增加了人民币外汇交易的成本，使出口企业不愿选择人民币计价。

国际社会对我国宏观经济长期稳定性存在质疑，我国目前金融市场化程度较弱，存在外汇管制和利率非市场化定价等问题。国际社会对于放开管制后中国金融市场乃至宏观经济是否能持续稳定存在质疑。另外，中国正处于人口老龄化、城镇化等关键的转型时期，不进入改革深水区，不触及核心利益调整，这些转型很难顺利完成。因此，如何转型与如何保持宏观经济稳定增长，成为中国经济发展的隐忧。可以肯定的是，中国将选择更加注重发展质量而非数量的发展之路，贸易增速放缓、经济增长放缓是大势所趋。宏观经济的变化将带来货币数量、总需求、物价、贸易顺差的相应变化，影响到币值稳定性，使人民币升值预期消失甚至逆转，汇率的这种变化不利于发挥人民币的避险动机优势，打击出口商选择人民币计价结算的动机。

随着全球经济企稳回升，主要国际货币必然会强劲反弹，将会终结人民币的升值趋势。一旦人民币的避险功能被弱化，出口商出于经济利益考虑，很可能放弃使用人民币计价结算，转而使用升值的主要货币计价结算。

6.2.3　金融支撑体系资源配置效率不高

从实体经济视角看，跨境贸易人民币结算表现在贸易和资本流动中，企业选择使用人民币计价结算。然而，企业使用人民币的行为，最终都会集中到提供人民币结算业务的商业银行和其他金融机构，体现为金融机构的跨境人民币业务。因此，金融机构跨境人民币业务规模扩大，意味着人民币支付结算的规模扩大；金融机构跨境人民币业务的种类、产品增加，意味着人民币的国际需求范围扩大、企业人民币需求的多元性增加。当然，金融机构在跨境贸易人民币结算中并不是一个被动的记录者、结算业务的供给者，而是一个能够发挥巨大正能量的推动者。如果金融机构能够提供优质、高效、便宜的人民币跨境支付结算，提供更多的人民币贸易融资产品，提供高质量的离岸人民币保值增值以及资产管理服务，就会吸引更多的国内外企业在跨境贸易中使用人民币，就会消除国内外企业使用人民币跨境结算的后顾之忧。总之，缺少离岸金融机构积极推动跨境人民币业务，缺少离岸金融机构跨境人民币业务的产品创新，跨境贸易结算中用人民币替代美元的道路将格外漫长。

如表6-8所示，2013年世界经济论坛的全球竞争力报告对全球金融服务的竞争力也做了分析，其中金融服务的可获性英国排名最高列第6位，美国位列第7位，而我国列第70位，排名相当靠后，可以说明我国金融服务的可获性低，不具有国际竞争力；而金融服务成本可承受性，美国列第10位，英国列第18位，而我国排名第51位，说明我国金融服务成本偏高；几项比较中只有信贷可获容易度我国排列第32位相对比较高，在选用的英、美、德、日、中几个样本中，排名仅次于美国，美国排第17名，我国列第32位。以下可以说明我国尚不具有高效的金融支撑体系，需要努力完善金融市场的配置效率。

表6-8　　　　　　　　　金融服务竞争力排名表

国家	得分	排名
金融服务可获性		
英国	6.1	6
美国	6.1	7
德国	5.7	17
日本	5.3	31
中国	4.5	70
金融服务成本可承受性		
美国	5.6	10
英国	5.3	18
德国	5.3	20
日本	5.2	25
中国	4.4	51

续表

国家	得分	排名
信贷可获容易度		
美国	3.9	17
中国	3.4	32
日本	3.4	33
德国	3.2	46
英国	2.7	82
银行完善度		
日本	5.6	43
英国	5.2	58
德国	5.1	64
中国	5.0	72
美国	4.3	105

数据来源：世界经济论坛相关资料。

由于中国的贸易结算集中于商业银行，商业银行是跨境人民币结算及相关业务的提供者。商业银行是否重视新兴的跨境人民币业务？商业银行能否加大跨境人民币业务创新力度？商业银行的跨境人民币业务是否满足企业跨境贸易的需要？对这些问题的回答，关系到跨境贸易人民币结算规模能否如愿壮大，也关系到金融机构是否对实体经济发展发挥了推动作用。

事实上，我国各国有商业银行、股份制商业银行自 2009 年以来，基于对人民币国际化前景的乐观判断，及时调整了经营战略，将开展跨境人民币业务提到战略高度。各家商业银行普遍认为，跨境人民币业务未来将会是其业务增长点，必须抓紧时间积极推进，争取在市场上占领先机。因为，跨境人民币业务不仅可以为银行带来存款，而且其中一些必不可少的结构性利率产品、结构性汇率产品，还会给银行带来巨大的利润空间，这使各家银行有很大的内生动力去积极推动这项业务的发展。

（1）银行"走出去"步伐缓慢成为跨境人民币业务的主要障碍

提高跨境贸易人民币结算份额，需要满足两个必要条件：一是境外进口企业容易获取结算所需的人民币；二是境外出口企业能够对收入的人民币进行有效利用，能够保值增值。在资本账户仍然存在人民币资金流动管制的情况下，在海外设立分支机构，通过国内外业务的联动，是满足上述必要条件的主要路径。目前，80%的跨境贸易人民币结算是通过香港进行的，那些在香港地区设有分行的银行更容易得到企业的青睐，在发展跨境人民币业务方面具有得天独厚的优势：①内部清算更快捷，各项工作联动更为通畅；②业务不受代理行授信额度不够的制约；③内部报价更低，在同业竞争中更具优势；④不存在客户流失的潜在威胁。

由于金融业是对经济发展和经济安全具有重大影响的高端服务业，包括中国在内的许多国家对外资银行进入本国以及本国银行到境外设立分支机构都要审查，有一定的门槛限制，致使中国金融机构"走出去"的步伐明显慢于工商企业，以至于不少股份制银行、城市商业银行在香港这个主要的人民币离岸中心都没有分支机构，更不用说在东南亚、非洲和拉美地区设立分支机构了。正因为境外分支机构不多，网点覆盖范围不广，许多商业银行无法实现境内外业务联动，严重制约了跨境人民币业务的发展。

目前中资银行境外分支机构的规模有限，除中国银行以外，其他中资银行的境外资产规模都不足总资产的十分之一。工、农、中、建、交五家国有商业银行的海外分支机构占中国银行业海外机构总数的82%，其他商业银行海外分支机构的发展明显滞后于国有商业银行，很多银行只在香港有分支机构且海外资产规模非常小。事实上，60%以上的商业银行海外分支机构集中在亚太地区，而且主要集中在港澳台地区。即使是国际化程度最高的中国银行，非港澳台地区的海外资产规模也不足总资产的8%，对中国银行的利润贡献不足4%。令人担忧的是，中资银行海外分支机构的这种偏重亚太地区的布局并能满足不适应跨境贸易人民币结算的要求。本书第6章的分析表明，拉美和非洲国家急速增加的对华贸易，为推广跨境贸易人民币结算提供了莫大的机遇。然而，2011年中资银行在拉美和非洲的分支机构稀少，在非洲地区仅有3家，很多银行在这两个地区根本没有分支机构。由于我国银行的国际化程度较低，许多银行无境外分支机构，导致境外代理行对我国银行的认知程度和接受程度不高，不愿开设跨境人民币同业账户，或者要求较高的保底资金，使跨境人民币业务的清算流程不够顺畅，清算费用较高，清算实效较差。总之，境外代理机构购买人民币的高门槛和中资银行海外机构发展的不足增加了境外获取人民币的难度，这在一定程度上制约了跨境贸易人民币结算份额的提高。

（2）人民币跨境贸易结算所需贸易融资受限

众所周知，离开贸易融资的支持，贸易规模很难做大。跨境贸易人民币结算需要人民币保理、福费廷等配套的金融服务，通过向企业提供融资便利，银行可以更容易推动人民币结算业务发展。但是，在《巴塞尔资本协议Ⅲ》出台后，中国人民银行提高了商业银行的资本充足率要求，众多资本充足率偏低的中小银行为了达到监管当局的要求，不得不严格控制贸易融资的授信额度。授信额度不足，导致一些跨境人民币业务的代理行无法开展业务，这也是造成跨境贸易人民币结算份额低于预期的一个客观原因。

不仅如此，商业银行的人民币资金投放还要受人民币可贷资金总量的影响。银行的信贷一方面需要支持国家宏观调控政策，比如支持基础设施建设、支持农业发展、扩大对小微企业信贷投放；另一方面需要满足现有的长期客户和优质客户的资金需求。扣除用于这两方面的可贷资金之后，银行可用的人民币可贷资金十分有限，很难满足跨境人民币贸易融资的额度要求。在利润目标的引导下，如果有其他收益率更高的投资机会，银行就不会有足够的动机把资金使用到推动人民币跨境贸易结算业务上来。例如，2011 年前 3 个季度通货膨胀压力不断加大，为了物价稳定目标，人民银行实施偏紧的货币政策。央行先后 6 次上调存款准备金率共 3 个百分点，3 次上调存贷款基准利率共 0.75 个百分点，打击了银行的贷款能力。由于惯性的原因，高涨的信贷需求难以在短期内大幅下降，出现了资金严重供不应求的局面。商业银行的人民币可贷资金不能满足既有项目的贷款需求，几乎没有余力支持新增的人民币跨境贸易融资。

对银行而言，人民币贷款的资金成本也要高于美元贷款。在 2011 年 7 月 7 日人民银行第 3 次调整基准利率之后，人民币与美元的存款利率差距已经十分可观。活期利率差距 40 个基点，2 年期存款利率差距高达 320 个基点。这意味着银行提供一笔人民币贷款的融资成本远高于提供一笔美元贷款的融资成本。事实上，在 2011 年人民银行 3 次上调人民币存款利率之前，人民币与美元利率就已经存在较大差距，2010 年底人民币活期利率与美元活期利率相差 26 个基点，2 年期存款利率差距 235 个基点。2011 年的 3 次加息进一步扩大了利差。美元的成本优势可能促使金融机构更多地在贸易融资中发放美元贷款。

（3）利率和汇率的双重价差扰乱了人民币跨境贸易结算业务的市场

中国的利率市场化还在进行之中，存款利率管制导致境内外市场利率不一致，产生了一定的套利机会。最近几年，中国的经济增长率较高，通货膨胀的压力较大，利率水平明显高于主要发达国家，热钱流入中国套利的动机比较强烈。同时，市场上弥漫着较高的人民币升值预期，人民币远期汇率低于即期汇率。这两个因素共同促使境外出口企业愿意接受人民币，而国内进口企业也乐意通过人民币结算业务套利。进口企业的套利行为不仅给参加交易的境内外银行带来了不菲的中间业务收入，还给境外银行提供了赚取美元贷款利息的机会。

双重价差带来的套利收益成为了很多企业要求银行提供人民币跨境

贸易结算服务的主要动因。市场竞争的压力和潜在的获利机会促使银行配合企业的需求展开套利相关的金融服务。在这个过程中，不乏有境外投机者和境内企业配合利用虚假贸易在境内外转移人民币资金。由于市场的扭曲，旨在利用贸易结算推动人民币国际化的政策，在这种情况下竟然演变成为热钱流动的途径，损害了中国的金融安全和长远利益。为了规范跨境贸易人民币结算行为，防范金融风险。中国人民银行加大了对商业银行跨境人民币业务的监管，商业银行推动跨境人民币结算的套利动机被限制，这虽然在一定程度上遏制了热钱的流入，但是也不可避免地降低了跨境贸易人民币结算的账面金额。

（4）境外人民币缺乏合理的保值增值渠道

目前，境外人民币的保值增值渠道主要有以下几种。

第一种是贸易支付。境外企业使用人民币进行进口支付，这是境外人民币最直接、最简便的使用方式。但因为本章前面所提到的各种原因，境外企业在进口时不一定选择人民币计价结算，因此贸易渠道的使用范围严重受限。

第二种是直接投资。2011年中国政府开启了外商对华直接投资人民币结算渠道，然而，以直接投资方式实现人民币回流，其规模要受制于境外投资者对中国的投资欲望、能力及资金量限制，并不适合于那些只愿在本地投资和发展的境外持有人民币的企业。

第三种是贷款。2012年4月，深圳市出台了《关于加强改善金融服务支持实体经济发展的若干意见》，允许香港的离岸人民币对深圳前海经济开发区进行跨境贷款，旨在利用香港低成本的人民币资金支持前海开发开放和重点产业发展。由于人民币贷款利率大大高于存款利率，这一渠道无疑为境外人民币提供了更高的投资回报。但目前人民币跨境贷款仅限于在深圳前海经济开发区试点，规模十分有限。

第四种是证券投资。2010年中国人民银行放开了债券市场的管制，境外央行、人民币结算清算银行和参加行可以在银行间债券市场买卖人民币债券。2011 年境外人民币债券（点心债券）的发行人资格从中国金融机构扩展到全球任何一家公司，使境外人民币债券的供给增加，可以满足更多的债券投资者的需要。同年 11 月，证监会、央行、外管局联合发布《基金管理公司、证券公司人民币合格境外机构投资者境内证券投资试点办法》，允许符合条件的基金公司、证券公司香港子公司作为试点机构开展人民币合格境外机构投资者（RQFII）境内证券投资业务，意味着境外人民币可以基金的形式，投资中国成长性较好、收益较高的股票和债券市场。到 2012 年 11 月，RQFII 的额度已经增加到 2 700 亿元人民币，此举大大增加了债券投资和高风险偏好者持有人民币的动机。鉴于 RQFII 额度的大幅提升发生在 2012 年末，其对人民币贸易结算的刺激作用估计将在 2012 年后逐渐显现。

表 6-9　　　　　　　　　　人民币回流渠道

贸易	出口人民币结算
直接投资	外商对华人民币直接投资
贷款	深港银行跨境人民币贷款业务试点
债券投资	发行点心债券
	投资境内银行间债券
股权投资	RQFII

总之，由于中国存在较多的资本管制，人民币离岸市场主要集中在香港，而且规模较小，境外企业获得的人民币缺乏有吸引力的回流渠道。此外，提供给境外人民币持有者的金融工具种类较少，不能满足不同的风险偏好，难以激发境外企业增持人民币的动机。金融方面的驱动力不足，限制了跨境贸易人民币结算的规模扩张。

6.2.4　人民币支付清算体系尚需完善

（1）人民币支付体系的结构与功能

改革开放以来，为了适应社会主义市场经济的发展，在中国人民银行的领导下，经过多年的不懈努力，中国支付体系建设取得了很大的进步。表现为非现金支付工具应用广泛、支付清算基础设施逐步完善、支付服务主体多样化、支付监督管理机制基本形成等特征。

我国目前应用的支付清算体系包含六个较为独立的子系统：一是央行管理的同城票据交换清算所（LCH），处理大部分异地支付清算业务；二是四大国有银行内部的电子资金汇兑系统，用来处理行内和跨行支付交易；三是央行运作的电子联行系统（EIS），负责处理异地跨行支付的结算；四是银行卡授信系统；五是邮政汇兑系统；六是推广中的现代化支付系统（CNAPS）。

CNAPS是央行根据国内人民币支付清算的需求，高效、安全处理各银行办理的异地、同城支付清算业务、资金清算和货币市场交易的资金清算系统。CNAPS由大额实时支付系统、小额批量支付系统和其他辅助系统构成。

银行业金融机构内部支付系统，指不涉及跨行业务时，本银行内部在不同地区或者不同分支结构之间的支付系统。从金融机构行内支付系统的交易笔数和交易规模看，国有商业银行有显著优势，农商行、城商行的支付业务呈现出快速的增长趋势，这就意味着我国银行支付业务的竞争环境正在逐渐好转，支付清算参与方也越发多元化。

作为人民币境内支付清算体系的枢纽，CNAPS分为两端处理中心，分别为中央处理中心（NPC）和省会处理中心（CCPC）。中央处理中心分别与省会处理中心连通，采用专用网络，以地面通信为主导，通过卫星通信方式备份。为支持央行公开市场操作、满足债券发行、交易的资金清算等功能，中央债券登记系统通过接口与央行支付系统NPC连接，处理该人民币资金清算。

（2）中国与欧美国家在支付体系上的差距

与欧美国家相比，中国的支付结算体系建立较晚，同城清算系统20世纪80年代才运行，电子联行系统1991年才投入运行，到2006年大额实施支付和小额批量支付才正式启动，取代电子联行系统。与发达欧美国家相比，中国的支付清算体系还存在以下几方面的差距。

第一，与大额支付系统相配套的法律基础需要建立和改进。例如，轧差安排法律依据仅在行政法规和规章制度体现，还没有制定到法律当中，遇到类似纠纷时，缺乏相关法律依据。此外，《企业破产法》和相关司法解释有类似于"零点法则"的规定，但并未指明支付交易有效性的具体时点，也没有任何豁免于"零点规则"的条款，因而难以确定结算最终性。即使有关办法中已经规定了业务一经结算或轧差则不可撤销，但实时全额结算系统的性质本身并不能避免法院对于无效支付的裁决。在所有这些问题上，英国、美国、欧盟都有庞大的成文法或判例法，进行了详细的法律规定。

第二，资费较高，服务水平不足。美国的结算系统功能强大，除了完成支付与清算外，还可以为用户提供融资便利。此外，发达国家清算机构从业务收费中向成员返还收益，以求拓展业务领域和品种。考虑到技术不成熟和潜在的风险，中国的支付体系没有向用户提供此类服务，但是可以用债券进行抵押融资。在资费方面，中国的大额支付系统高速通道的收费为千分之五，上不封顶。普通通道 10 万元以下 10.5 元/笔，10 万~50 万元 15.5 元/笔，但是到账时间为 1~3 天，时效性差。导致中国支付体系服务效率较低的主要原因在于支持系统平稳、高速运行的硬件技术不够先进且性能有待提高，系统的支付清算流程和管理权限设置也不尽合理。因此，如果中国的支付清算系统不降低收费标准，不提高资金到账的时间效率，就难以取得竞争优势。

第三，不能有效地提供金融监管服务。美国的支付结算系统是美联储监管金融机构、科学决策的重要工具。美联储可以通过账户余额监控系统对金融机构的支付活动和账户余额进行实时监测；利用日间透支报告及定价系统监测金融机构的透支活动，并对日间透支定价和收费；利用风险管理信息系统获得金融机构的实时监控信息提出风险决策。

第四，人民币清算系统服务范围窄，不能满足人民币跨境交易需要。主要国际货币,都具有 24 小时交易支付系统,CHIPS 系统为全球跨国的美元大额交易提供支付结算服务,TARGET2 系统为全球范围内欧元结算的交易提供支付和融资便利。我国支付结算系统服务地域时间范围都比较窄,而且各子系统之间缺乏有效联系。虽然我国中央债券综合业务系统已与大额支付系统实现对接,但股票交易的支付结算系统还在独立运行状态。支付系统之间的分隔加剧了我国金融市场分割,降低了金融的整体效率。

(3) 人民币支付体系国际化的必要性

便捷、安全、高效的支付体系是一国金融体系核心竞争力的集中代表,也是一国进行及时、廉价和高效金融监管的坚实基础。从金融全球化角度看,支付体系的先进性体现了一国金融与货币的软实力,是赢得国际社会信心的物质基础和保证。支付清算体系的国际化是推进人民币跨境使用不可或缺的重要环节。人民币要想在国际舞台上发挥更多的作用,一个健全的跨境支付清算体系是其必要条件。

第一,完善的基础设施便于跨境业务推进。

衡量一国货币国际化最直接的指标就是看其在全球支付体系和全球外汇市场中所占的市场份额。尽管 2012 年在中国的跨境贸易总额中,人民币结算的份额达到 11.4%。跨境贸易人民币结算增速惊人,成绩斐然,但是从全球支付角度看,人民币的地位微乎其微,人民币结算比例与人民币贸易规模之间严重失衡。

根据环球同业银行金融电讯协会(SWIFT)[①] 的数据,2013 年美元、欧元和英镑在全球支付体系中的使用份额大大超出了这三个国家在国际贸易中的份额,例如,美国在全球贸易份额中不足 9%,美元在全

---

① SWIFT (Society for Worldwide Interbank Financial Telecommunications),成立于 1973 年 5 月,是一个国际银行间非营利性的国际合作组织,总部设在比利时的布鲁塞尔,同时在荷兰阿姆斯特丹和美国纽约分别设立交换中心(Swifting Center)。SWIFT 运营着世界级的金融电文网络,提供安全、可靠、快捷、标准化、自动化的通讯业务,银行和其他金融机构通过它与同业交换电文(Message) 来完成金融交易,大大提高了银行的结算速度。

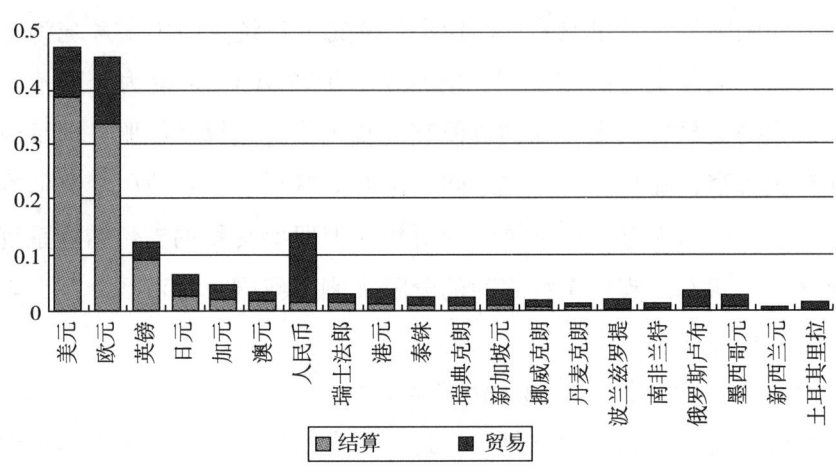

资料来源：SWIFT。

图6-7　世界各国结算和贸易比较

球支付货币中的占比为38.8%，排名第一位；而欧洲在全球贸易份额中为12.2%，欧元在全球支付货币中的占比为33.5%，排名第二位；英国占全球贸易份额不足3%，但英镑占全球支付货币价值的9.38%，在全球结算货币中排名第三位；表明这三种货币在国际经济活动中不仅充当了主要的贸易结算工具，还担任了价值贮藏和投资载体。截至2013年，人民币占全球支付货币价值的1.3%，而2013年中国占世界贸易的份额排名世界第一位。这两个数字之间的巨大悬殊表明，人民币在国际支付清算体系中的地位严重偏低，与中国经济实力在全球的地位严重失衡。

SWIFT曾将2011年6月作为一个典型样本进行分析，分析结果表明，进出中国的跨境支付中只有2%使用人民币结算，大约80%使用美元结算。截然不同的是，进出美国的跨境支付中90%使用美元和日元结算，如果仅仅以美国是发达国家或美元是国际储备货币来解释这个显著的差异，就有失偏颇，因为与中国一样同属新兴市场国家的俄罗斯，其经济总量和贸易规模远低于中国，其跨境支付结算中俄罗斯卢布所占份额却远高于中国。进出俄罗斯的跨境支付中46%是使用卢布结算的，这就意味着，俄罗斯卢布在其清算支付体系中的地位远远超过人民币在本国清算支付体系的地位。

一国货币的外汇市场占比也是衡量该国货币国际地位的重要指标。通常情况下，经济的国际化程度越高，或者货币的信用越高，货币的国际使用范围越广，其全球外汇市场份额就越高。同样根据 SWIFT 的数据，2013 年在全球外汇市场排名前 6 位的货币依次是美元、欧元、英镑、日元、加拿大元和澳元。有的国家（地区）虽然经济总量不大，但是其货币的国际化程度却很高，货币的国际地位大大超越其经济实力的国际地位，表现为该国（地区）货币的外汇市场份额数倍于该国（地区）GDP 的全球份额，例如，瑞士、新加坡、中国香港。此外，美元、英镑、澳元也取得了超越本国经济实力的国际地位。人民币的全球外汇市场份额为 0.9%，同期中国 GDP 的全球份额为 9.5%，二者之间相差 10 倍，因此，人民币在全球外汇市场中的份额与中国经济的国际地位完全不相称，严重偏低。人民币在全球外汇市场的相对国际地位甚至不如泰铢，泰国在全球 GDP 中的份额只有 0.5%，泰铢在全球外汇市场的份额却达到了 0.2%。这充分表明，扩大人民币在全球支付和清算体系中的作用、提升人民币的国际地位任重而道远。

人民币国际使用规模偏小，在很大程度上抑制了人民币支付系统国际化的步伐。因为市场上跨境人民币支付需求不旺，花费大代价建设跨境人民币支付系统，在经济上显然是不划算的。然而，从国际经验看，跨境支付的主流是离岸市场金融交易，交易主体是国际大银行。国际银行进行的大规模批发交易对支付清算系统的安全性、便捷性、流动性、规范性具有极高的要求。为了满足这样的要求，主要国际货币发行国都投入巨资，建立了专门的跨境支付系统。目前依靠代理行以及 SWIFT 系统，中国商业银行也能满足企业的跨境人民币支付清算要求，完成规模不大的跨境贸易人民币结算。然而，人民币贸易结算规模的不断扩大，必然带动与之相关的投融资、资产管理和风险管理业务，促使纯粹的人民币金融交易增加。一旦资本管制放松，资本项下的各种金融交易就会迅速增长，现行的跨境人民币支付清算方式显然不能满足企业，特别是国际金融机构进行批量交易的要求。换言之，由于缺失跨境人民币支付系统，人民币将不能在国际金融结算中占据应有的份额。中国有句俗语，先栽梧桐树，后引凤凰鸟。考虑到跨境人民币结算的发展前景，必须从现在开始着手，建成安全、高效的支付平台和更加便捷、国际化的人民币支付清算体系。

第二，人民币跨境支付系统滞后于国际市场对于人民币支付的总需求。

自 2008 年中国开始实行跨境贸易人民币结算以来，国内外对人民币国际化的前景比较乐观，处于自身经济利益的考量，多个国家愿意将人民币作为国际货币，使之成为国际支付中除美元之外的另一个选择。韩国、阿根廷以及印度尼西亚、越南等东盟国家，都与中国签约，在一定范围内实行人民币结算。由于中国尚未建立专门的跨境人民币支付清算系统，为了方便当地企业进行人民币支付，2011 年，马来西亚国家银行委任旗下独资子公司 MyClear（Malaysian Electronic Clearing Corporation Sdn Bhd）与中国银行共同开发人民币结算系统，并授权中国银行为马来西亚境内人民币结算银行。该人民币结算系统已于 2012 年 3 月 21 日正式生效，截至 2012 年 4 月，马来西亚国内已有 11 家金融机构[①]加入 MyClear 的人民币结算系统服务，这一重要基础设施的建成，无疑为中马两国贸易商提供了极大的人民币结算便利。同时，这一举措客观上反映了国际社会对人民币跨境支付系统的迫切需求。

不仅如此，在人民币离岸市场建设过程中，2007 年 6 月中国香港也建成了人民币实时全额清算系统（RTGS），由中国银行（香港）有

---

① 签订结算协议的这 11 家金融机构是：马来亚银行、联昌银行、大众银行、丰隆银行、兴业银行、大马银行、安联银行、马来西亚回教银行、马来西亚 Muamalat 银行、丰隆投资银行及侨丰投资银行。

限公司担任清算行。清算行与中国人民银行设有交收账户，是中国国家现代化支付系统（CNAPS）的成员。从技术层面看，这样的结构安排使香港人民币 RTGS 系统成为 CNAPS 系统的延伸，但该系统的运行受香港法律监管。人民币 RTGS 系统不但以即时支付结算方式处理银行同业人民币支付项目，亦处理人民币批量结算及交收支付项目，功能类似港元 RTGS 系统。香港及境外银行均可在清算行开设人民币交收户口，直接加入该系统。境外银行亦可选择香港的直接成员代理支付，间接加入该系统。

中国香港、马来西亚在中国境外投资建设人民币支付系统，一方面说明人民币支付系统国际化滞后于人民币国际化的步伐，亟须提到议事日程上来。另一方面也说明，人民币支付系统国际化带来了一定的忧患。如果各国按照自己的标准、规则建立人民币支付系统，当中国建设跨境人民币支付系统时，就会面对五花八门的标准，届时要按照人民银行的标准来统一这些标准，必然会遇到不小的阻力，必然要花费很大的精力和代价。因此，为了掌握跨境人民币支付系统的主动权和话语权，必须尽快建成跨境人民币支付体系，完善人民币支付清算结算系统，使在岸人民币支付系统与离岸人民币支付系统之间实现有效的链接和整合，以实现人民币的大范围清算结算，为跨境贸易以人民币结算提供方便，在实质上加速人民币的国际化进程。

第7章　国际债券计价货币选择因素研究

7.1　国际债券市场发展历史

7.1.1　国际债券市场发展历史概览

对于国际债券市场的外延并没有统一的定义，但通常都认为国际债券市场至少包括外国债券市场和欧洲债券市场。BIS（2003）对国际债券（international bond）的统计口径较大。BIS 的三个判断标准是：发行者所属地、投资者属地及计价币种。根据 BIS 的标准，除了欧洲债券和外国债券外，以下两种在本国市场上发行的债券也属于国际债券。第一，在本国市场上，由国内及国外机构发行的非本国货币债券。第二，在本国市场上，由本国机构发行的针对外国投资者的本国货币债券。我们在文中所提到的国际债券，均按照 BIS 定义。

表 7-1　　　　　BIS 国际债券定义表

以本国货币计价	本国机构发行	外国机构发行
投资者为本国机构	国内债券	国际债券
投资者为外国机构	国际债券	国际债券
以外国货币计价	国际债券	国际债券

数据来源：BIS。

20 世纪 60 年代以后，金融管制逐步放松，各种金融工具和手段推陈出新，金融市场由国内发展到国际，国际金融市场就是在这样的环境中逐步形成的，各种金融工具的筹资规模都明显增长。国际金融市场主要包括国际债券市场、股票市场、信贷市场等。这些市场在20世纪80年代，都开始了迅速增长。不同金融工具规模的增速不同，并于不同阶段在国际金融市场上占据主导地位。

表7-2　　　　　　1967—1992年国际金融市场结构

年份	筹资总额	贷款		债券		股票	
		总额	%	总额	%	总额	%
1967	5.2	—	0	5.2	100	—	—
1972	19.7	19.7	44.67	10.9	55.33		
1977	69	69	49.57	34.8	50.43		
1982	179.1	179.1	57.84	75.5	42.16		
1987	324.1	324.1	37.92	180.8	55.79	20.4	6.29
1992	483.6	483.6	25.77	333.7	69.00	25.3	5.23

数据来源：BIS。

欧洲债券产生于20世纪60年代，美国政府对于国内债券市场和外国债券市场严格的金融管制是促使欧洲债券产生的原因。国际债券市场真正的发展是从20世纪80年代开始的，在此之前受各国严格的金融管制，国际债券市场的发展一直很缓慢。20世纪80年代西方国家实行金融自由化后，国际债券市场规模在10年间扩大了10倍多。1981年，国际债券未偿付余额（Amounts outstanding）仅为228亿美元，而到1999年该市场规模达到43 442亿美元。随着资产证券化的步伐，国际债券融资额在1998年替代了国际辛迪加贷款，成为国际金融市场上最主要的融资渠道。相较于国内债券，国际债券具有如下特点：期限结构多样、风险多样，融资目的多样以及流动性更佳。

从2000年一直到2008年第二季度，除了2005年6月国际债券未偿付余额有所收缩外，国际债券市场未偿付余额规模都在迅速上升，在不到8年间增长了3倍多。近几年，美国次贷危机与欧债危机造成了国际债券市场动荡，但总体上看，国际债券市场规模仍然在继续波动上升，只是增幅有所放缓。截至2013年12月底，国际债券市场未偿付余额规模达21 923亿美元。

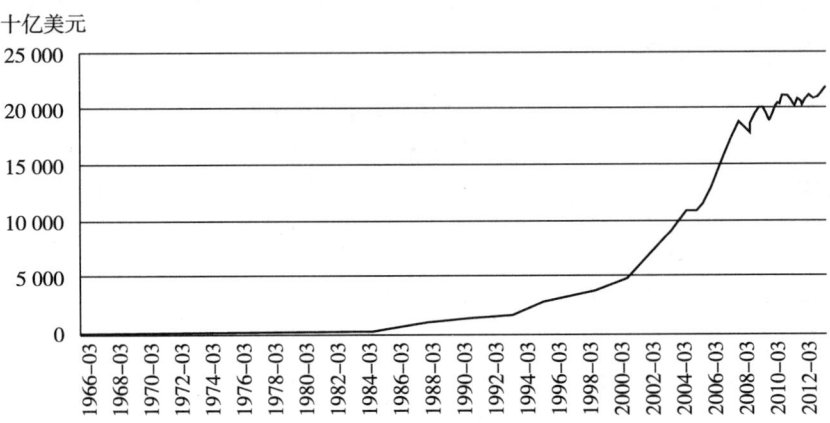

数据来源：BIS。

图7-1 1966—2013年国际债券市场未偿付余额

2000年以后，国际债券市场不仅继续保持快速增长的势头，而且交易品种更加多样化，形成信用品种占主导地位、债券衍生品百花齐放的景象。从债券类型上来看，BIS的统计口径将国际债券区分为浮动利息债券、固定利息债券以及权益联系类债券。1993—2008年，随着金

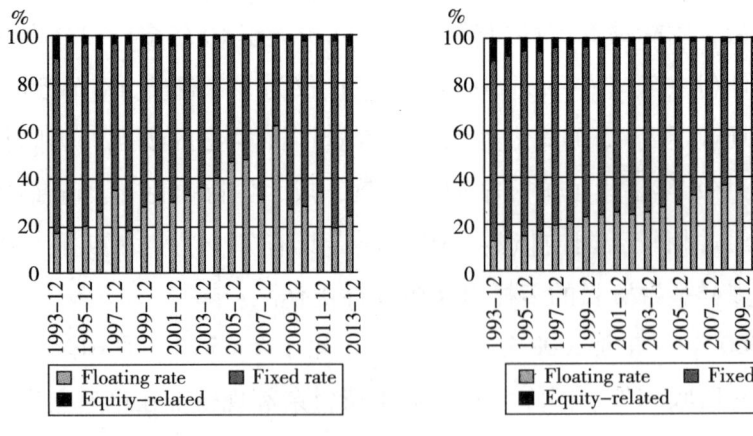

数据来源：BIS。

图7-2 各品种国际债券的发行额（左图）与未偿付余额占比

融工具不断创新和使用浮动利息债券管理风险的主观意愿加强,浮动利息国际债券发行额和未偿付余额的占比都处于上升趋势。浮动利息国际债券发行额占所有种类国际债券发行额的比例在2008年达到历史高峰的62%,同期存量占比也达到历史高点的37%。权益挂钩类债券的占比一直在一个较小的区间内波动。

7.1.2 国际债券市场币种结构

20世纪60年代以来,国际债券计价币种结构发生了较大的变化。近十年来,更是出现了与美元力量相抗衡的欧元——1999年欧元的诞生结束了美元在国际债券市场上长期占据主导地位的局面,欧元国际债券的发行量渐渐超过美元国际债券的发行量。同时,英镑在国际债券市场上的地位也重新超越日元。下面,我们分20世纪60~80年代以及20世纪90年代至今这两个阶段来介绍国际债券市场计价币种结构的变迁。

(1) 20世纪60~80年代

在20世纪60年代初至80年代末这三十年的时间内,美元在国际债券市场上的地位曾达到顶峰,1965年美元国际债券发行占比曾高达80%以上。然而1971年8月15日,美国总统尼克松的一纸禁令,令美元背后失去了黄金的支撑。1973年美元取消固定汇率制度,更进一步加剧了美元信用程度的下降,美元国际债券发行量占比随之大幅下降。尽管如此,相对于其他货币来说,美元国际债券发行量占比仍然最高。

表7-3　　　　1980年国际债券的发行币种占比　　　　单位:%

货币	1979年	1980年	1981年	1982年	1983年
美元	41.7	47.4	64.9	63.9	56.2
瑞士法郎	23.9	18.2	15.6	14.6	18.8
德国马克	22	20.1	4.9	7.1	8.5

续表

货币	1979年	1980年	1981年	1982年	1983年
日元	4.8	3.3	5.3	4.9	5.2
荷兰盾	1.5	3.1	1.9	2.2	2.3
加元	1	0.7	1.2	1.5	1.4
英镑	0.7	2.7	2.4	2.5	3.6
欧元（计算）	0.6	0.2	0.6	2.5	2.7
其他	3.9	4.3	3.2	0.8	1.3

数据来源：BIS。

20世纪80年代初，美元国际债券发行量占比迅速回升。1980年美元国际债券占比约为47.4%，随后的1年里一下跃升至60%以上的高位，这一跃升侵蚀的主要是德国马克的地位。德国马克的国际化进程始于20世纪60年代，并在70年代有了迅速的发展。在70年代末，德国马克国际债券发行量占比还在20%以上，但到了1981年受到美元"中兴"的冲击跌至不足5%。

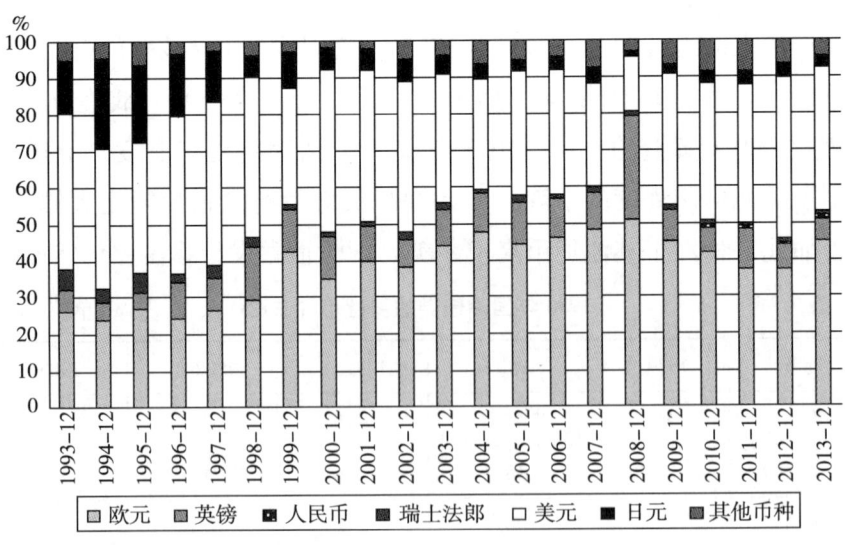

数据来源：BIS。

图7-3　1993—2013年国际债券发行币种结构

除了美元和德国马克外，这段时间里，在国际债券市场上充当重要计价货币的还有瑞士法郎、日元、荷兰盾、英镑、加元等。如果将以欧元区原货币计价的国际债券加和计算出"合成欧元"在国际债券市场上的占比，那么这种"合成欧元"在20世纪80年代国际债券市场上的地位远逊于真正的欧元。

（2）20世纪90年代至今

接着，我们再考察近20多年来国际债券市场的币种结构。在这段时间里，国际债券发行量的币种结构发生了显著变化，其中最主要的特征是欧元的崛起。直观地看，这20年来在国际债券市场中占据主导地位的币种有许多是在20世纪80年代就拥有如此地位的"常青树"，例如美元、英镑等。但美元已经失去了它占据50%比例以上的绝对霸主地位。在1999年欧元诞生之后，欧元在国际债券市场上的地位异军突起。继承了德国马克和瑞士法郎等原欧元区货币的国际化成果，加之拥有欧元区这个更为强大的经济体作为后盾，欧元在发行后迅速受到国际债券市场参与者的热捧。1999年第二季度末，欧元国际债券发行额占比就首次超过美元，达到43.88%。

2000年以来，美元的地位继续式微，2000年美元国际债券发行量占比尚有45.86%，但在2009年末降至28.98%。2000年以来，除了2011年和2012年在欧债危机的影响下欧元国际债券发行量小于美元外，其余年份均高于美元，特别是2008年第三季度末，欧元国际债券发行量占比首次超过50%。欧元的崛起形成了对美元货币霸权的挑战，为国际债券市场发行者和投资者提供了多样的货币选择，促进了多极货币格局的形成。

除了欧元与美元的"角力"外，从20世纪90年代至今，其他货币的情况也在发生风云变幻——瑞士法郎占比明显下降，人民币从无到有即将突破1%，英镑占比在小区间内起伏，日元逐渐没落。日元国际债券发行量占比从1994年顶峰一路下滑，至2004年后结束下滑，发行量占比在1%~3%的区间内变动。这反映了日本国内经济的持续低迷对日元国际化的拖累。

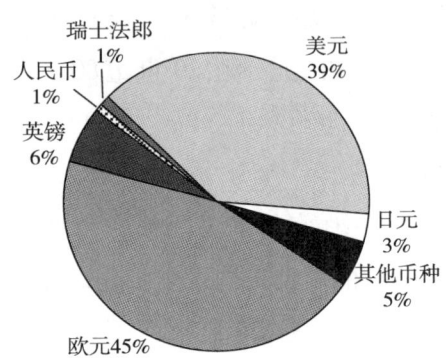

数据来源：BIS。

图7-4 2013年末各币种国际债券发行额占比

如图7-4所示，截至2013年末，欧元国际债券发行量占比45%，美元占比39%，英镑占比6%，日元占比3%，瑞士法郎和人民币占比均为1%，其他币种占比约为5%。

相比于各币种国际债券发行量占比的明显波动，国际债券未偿付余额币种结构的变化更为缓和，但也更能够反映较长时间内国际债券市场币种变动情况。2002年之前，美元国际债券未偿付余额占比几乎每个季度都在40%以上。2002年之后，欧元国际债券未偿付余额占比达40%以上，而美元占比相应降至30%左右。

2013年末，国际债券未偿付余额币种结构如图7-6所示。欧元占比45%，美元占比36%，英镑10%，日元和瑞士法郎占比均为2%，人民币占比约为0.3%，其余所有货币占比约为5%。

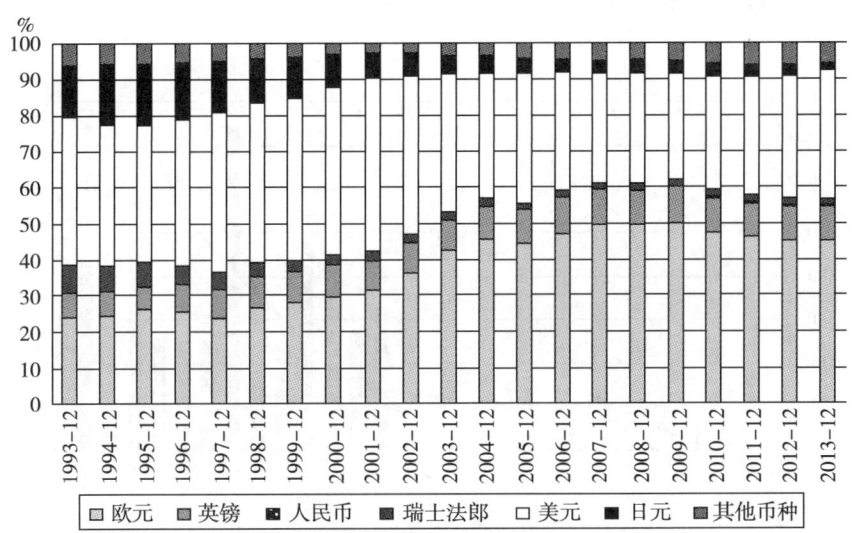

数据来源：BIS。

图7-5 1993—2013年国际债券余额币种结构

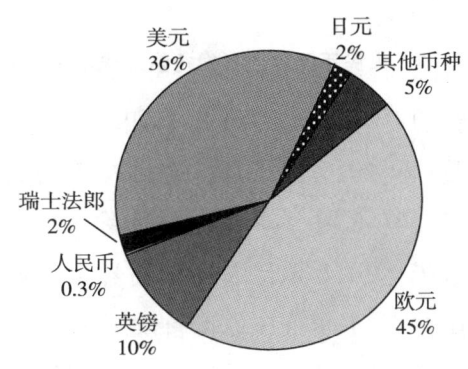

数据来源：BIS。

图7-6 2013年末各币种国际债券未偿付余额占比

7.1.3 人民币国际债券市场发展历史

人民币国际债券的发行是从2006年开始起步的。2006年第四季度至2010年第三季度，人民币国际债券的发行量很小，且由于政策限制，发行主体主要是财政部和境内金融机构。截至2010年第三季度末，人民币国际债券未偿付余额占比仅为0.06%。

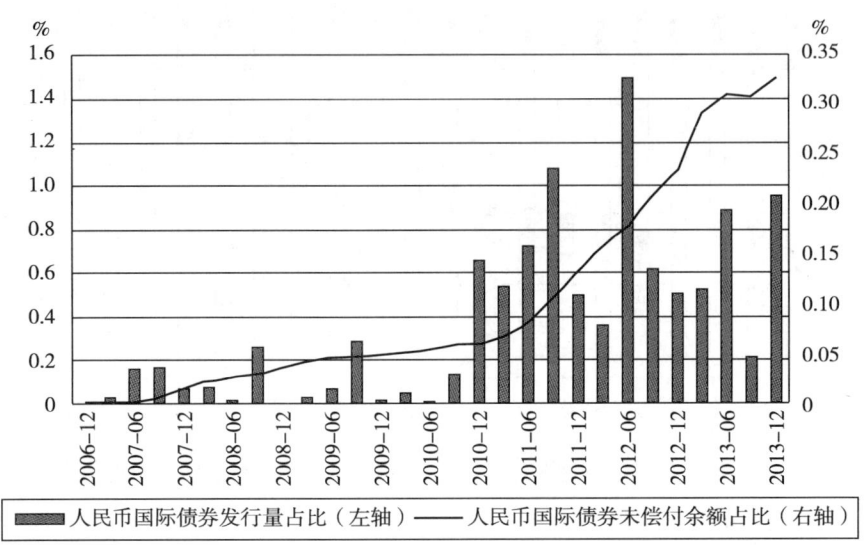

数据来源：BIS。

图7-7 人民币国际债券发行量及未偿付余额

人民币国际债券的发行是从2010年第四季度开始加速的。这得益于发行监管制度的放松：2010年2月，香港金管局放松在香港发行人民币债券的限制；2011年8月，李克强总理称，扩大香港人民币债券的发行主体和发行规模。2011年，人民币债券发行规模有一个爆发式的增长，发行量占比在2011年第三季度首次突破1%。

2012年，除了受第二季度发改委发布《国家发展改革委关于境内非金融机构赴香港特别行政区发行人民币债券有关事项的通知》的刺激，使人民币国际债券呈现短暂的爆发式发行外，在2012年的其他时间里人民币国际债券发行量总体呈现降温趋势。这一降温既有投资者的原因，也有发行方的原因。从人民币债券投资者的角度，在投资者对人民币单边升值恐难持续的预期下，投资者对人民币国际债券回归到理性的基本面分析上，但人民币国际债券的许多发行人都缺乏国际评级机构的评级，这使人民币国际债券由于信息不对称等因素难以获得市场的认可，于是投资者的投资意愿大减。另一方面，对于发行方来说，发行人民币国际债券后的募集资金回流至内地仍存在操作上的不确定性，与发行国内债券相比，发行人民币国际债券依然程序烦琐，加之进入2012年后，人民币国际债券利率明显上行，内地企业发行人民币国际债券融资成本优势与2011年相比不明显了，于是许多内地企业纷纷转向发行美元债券融资。

2013年全年人民币国际债券发行量与2012年基本持平，反映了受欧美国家继续维持量化宽松政策的影响，美元、欧元债券融资成本较低，使人民币国际债券市场对于发行者来说吸引力不大。2014年，由于国内信贷政策的缩紧，国内企业又重新将目光投向人民币离岸债券市场，人民币国际债券发行量有所回升。

香港的人民币国际债券市场是人民币国际债券市场的最重要组成部分，我们以香港人民币国际债券市场为例，分析人民币国际债券市场的微观市场结构。香港市场的人民币国际债券可以按照不同的标准进行分类：按付息方式可以分为固定利率债券和浮动利率债券；按期限可以分为1年以内、1~3年、3~5年、5~10年以及10年以上；按债券类别可以分为企业债、金融债、可转债和国债；按计价方式可以分为点心债和合成债。

截至2013年3月27日，香港人民币国际债券市场产品结构见表7-4所示。

表7-4 香港人民币国际债券市场产品结构（按计价、付息方式）

类别	存量总额（亿元）	占比（%）	债券数（只）	占比（%）
点心债	2645.54	93.4	246	97.23
合成型债券	187	6.6	7	2.77

（表头：按计价方式）

续表

	按付息方式			
类别	存量总额（亿元）	占比（%）	债券数（只）	占比（%）
固定利率	2915.01	99.35	262	99.62
浮动利率	19	0.65	1	0.38

数据来源：Wind。

按计价方式来看，香港市场上 97.23% 的人民币国际债券是以人民币计价、以人民币结算的点心债；只有 2.77% 是以人民币计价、以美元结算的合成债。合成债是在国内非金融企业发行点心债的管制尚未完全放开之时的产物，在 2012 年管制放开后，境内企业为了避免由于人民币升值带来的还款损失，多转向发行点心债。因此，目前点心债是香港人民币国际债券市场的主流产品。

按付息方式来看，固定利率债券未偿付余额比率达 99.62%，浮动利率债券占比仅 0.38%。可见香港人民币国际债券市场还不很成熟，市场上以简单结构的产品为主。

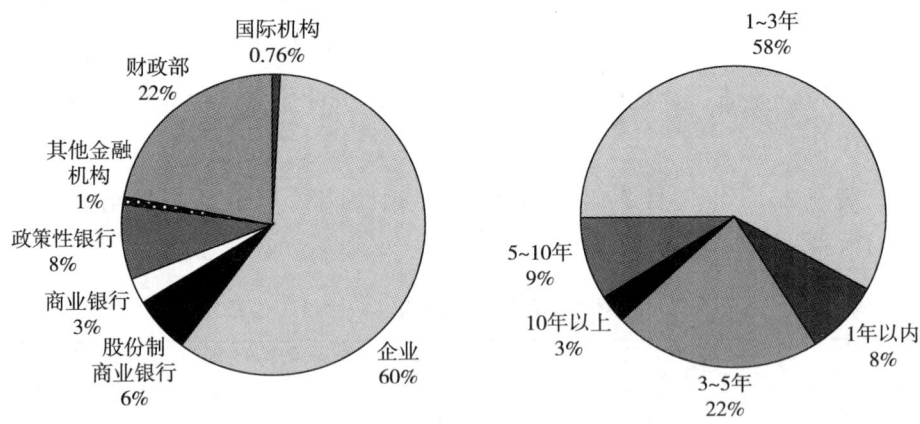

数据来源：Wind。

图 7-8　香港市场人民币国际债券产品结构（按发行人、期限结构）

如图 7-8 所示，按发行人结构，第一位是企业占 60%，财政部占 22%，股份制商业银行及其他商业银行共占 9%，政策性银行占 8%，其他金融机构占1%，国际金融机构占0.76%。可见，截至2014年3月，企业已经成为香港人民币国际债券市场最主要的发行主体。因此，香港人民币国际债券发行量将受企业这种市场主体行为的最大影响。

按期限结构，1~3年期58%，3~5年期22%，5~10年期9%，1年以内8%，10年以上3%。可见，香港人民币国际债券的期限结构偏短，1~5年期的占80%。偏短的期限结构一方面反映了投资方的意愿——对于人民币升值预期在短期内更强，另一方面反映了人民币国际债券市场并不是一个产品期限结构丰富的成熟市场。

7.2 国际债券币种选择影响因素的实证研究

7.2.1 变量定义及数据来源

为了进一步分析上一章中各种因素与国际债券计价货币选择的关系，我们在本章中将构建回归模型，找出对国际债券币种选择有重要影响的因素及其影响方向。我们将研究的焦点集中在美元、欧元、日元、英镑、瑞士法郎以及人民币这六种货币上。这六种货币国际债券的发行量占比之和与未偿付余额占比之和均超过95%。

首先，我们先进行因变量的定义。

我们使用美元、欧元、日元、英镑、瑞士法郎以及人民币国际债券发行量（Announced Issues）在全球所有币种国际债券发行量中的占比作为衡量货币选择的因变量，这些数据来源于BIS的国际债券数据库（International Debt Securities Statistics）。我们考虑包括政府机构、私人机构以及银行在内的所有发行者。BIS国际债券分币种数据的时间范围涵盖了1993年第三季度至2013年第四季度。对于欧元，我们使用从1999年第一季度至今的数据。

接着，我们对自变量进行定义。

（1）经济规模：GDP 是反映一国经济规模的良好指标。因此，我们使用各国 GDP 占全球 GDP 的份额来反映一国经济规模在国际上的地位。对于欧元区，我们使用欧元区国家 GDP 加总来衡量这个经济体的经济规模。

（2）汇率：我们使用各种货币对美元在间接标价法下的汇率的 log 值来衡量汇率的水平。对于美元的分析我们使用美元名义有效汇率的 log 值。

（3）资金成本：我们使用 10 年期美国国债收益率与其他国家 10 年期国债收益率的利差。对于美元，我们使用德国 10 年期国债收益率与美国 10 年期国债收益率的利差。

（4）币值的稳定性：我们使用各币种的通货膨胀率水平来衡量货币币值的稳定性。

（5）网络效应：网络效应并没有一个直接变量可以代表。因此，我们使用各货币国际债券未偿付余额作为网络效应的代理变量来反映某货币国际债券市场的网络效应大小。对于各货币国际债券未偿付余额，我们进行一个处理，使用过去 4 期（4 个季度）货币国际债券未偿付余额的移动平均值作为网络效应的代表。

（6）风险管理需求：并没有一个直接的变量可以反映风险管理需求，因此，过去的研究者使用了一些代理变量来反映这一需求的大小。Jorion（1990）使用境外销售额来作为外汇风险的代理变量。Geczy, Minton、Schrand（1997），Allayannis 和 Ofek（1998）使用境外销售额和境外资产作为代理变量。Caves（1971）使用公司境外子公司的数量作为代理变量。参考 Geczy、Minton、Schrand（1997）以及 Allayannis 和 Ofek（1998）的研究，我们使用各货币发行国的 FDI 和国际贸易进口量在全球总量中的占比（反面为其他国家的境外销售额和境外资产占比），从投资回报和贸易付款两个方面来反映其他国家对于某币种外汇风险管理的需求。对于欧元区的 FDI 和进口数据，我们使用各国的数据加总并扣除欧元区各国内相互的投资和进口活动。与贸易付款相关的变量是货币发行国进口量的大小。例如，美国向中国大量进口商品，则中国企业在未来会有较多的美元流入，这就产生了美元外汇风险。所以，如果美国进口量越大，则世界其他国家企业未来会有越多的美元流入，也就意味着这些国家的企业有越强的动力发行美元国际债券以进行外汇风险管理。因此，美国进口量的增大可能会使美国国际债券的发行量增大。与投资回报相关的变量是 FDI 的大小，FDI 作用于国际债券货币选择的情况与进口额的情况类似，就不再进行具体论述。

表 7-5　　　　　　　　　变量总结表

变量名称	数据来源	符号	变量计算方式（以人民币为例）
国际债券发行币种结构	BIS	Bondcur	人民币国际债券发行量/各币种国际债券发行量
经济规模	World Bank	GDP	中国 GDP/世界 GDP
汇率	IMF IFS	log（Fx）	log（人民币对美元的间接标价法下汇率）
资金成本	Bloomberg	Int	10 年期中国国债收益率—10 年期美国国债收益率
风险管理需求	IMF DOTS IMF CDIS	Trade Inv	中国进口贸易额/六国进口贸易量 中国 FDI/六国 FDI
货币币值的稳定性	IMF IFS	Inf	中国 CPI
网络效应	BIS	Lid	人民币国际债券市场未偿余额过去 4 个季度的移动平均值

7.2.2　模型设置

由于本模型使用了许多宏观经济的时间序列数据，为避免伪回归问题，我们先对各个回归方程中的变量是否是平稳的过程进行探究，使用 ADF 检验来检验各个变量是否平稳，采用 AIC 准则来确定滞后阶数。对我们研究的各个货币的变量进行 ADF 检验后，我们发现除中国的数据以外，其他国家的变量都至少在 10% 的显著性水平下具有平稳的特征。

因此，对于美元、欧元、日元、英镑以及瑞士法郎，我们可以构建 OLS 回归模型，模型如下：

$$Bondcur_t = \alpha + \beta \times GDP_t + \gamma \times \log(Fx_t) + \delta \times Int_t + \varphi \times Trade_t$$
$$+ \theta \times \log(Inv_t) + \mu \times Inf_t + \pi \times MA_t(Lid) + \varepsilon_t$$

由于人民币在国际债券市场上属于新兴币种，且中国属于新兴国家，所以中国的许多指标都表现出了不平稳的特征。表 7-6 是我们对于中国数据的 ADF 检验结果：除了 CPI 指标是平稳时间序列外，中国的其他指标均为一阶单整的过程。所以，对于人民币国际债券发行量占比的研究，我们设定向量自回归模型，考虑其与可能影响因素之间是否存在长期协整关系，如果存在则求出长期协整关系。

表 7-6　　　　　　　中国相关变量的 ADF 检验结果

变量	ADF 检验值	检验类型	1% 临界值	5% 临界值
Bondcur	-1.409	(c, t, 2)	-4.440	-3.632
Lid	9.047	(0, 0, 1)	-2.665	-1.956
Fx	-4.260	(c, t, 4)	-4.498	-3.658
GDP	-1.851	(0, 0, 4)	-4.394	-3.612
ln$t$	1.347	(c, t, 1)	-2.664	-1.958

注：其中检验形式 (c, t, q) 分别表示检验方程中包括常数项、时间趋势和滞后项的阶数；$c = 0$, $t = 0$ 则表示模型不包括截距和时间趋势。d 表示差分算子。滞后阶数的确定采用 AIC 原则。

另外，人民币国际债券的发行从 2006 年开始，因此，我们研究的时间段是从 2006 年至今的季度数据。考虑到可利用的样本观测值有限，这就使简单模型的应用成为必要，在模型中只包含我们最为关心的变量。在人民币的模型中，我们重点研究人民币国际债券发行量占比与人民币汇率、利率、网络效应及中国经济规模的关系。因此，设定如下向量自回归模型予以分析：

$$Y_t = \sum_{i=1}^{p} \Omega_i Y_{t-i} + \varepsilon_t$$

其中，$Y_t = [Bondcur_t, GDP_t, FX_t, Int_t, Lid_t]$，$\Omega_i$ 是一个（5×5）的

系数矩阵，p 是滞后阶数。

7.2.3　对于发达国家货币的实证结果及分析

对于美元、瑞士法郎、欧元、英镑和日元的回归结果如下。结果显示，对于这 5 种货币回归的 5 个模型中，有 4 个模型的调整后 R^2 超过 40%。对于瑞士法郎和日元，回归方程的调整后 R^2 都在 70% 以上。从调整后的 R^2 值看来，我们选择的自变量能够解释因变量变动的很大一部分。相对来说，自变量解释力较弱的模型是英镑的回归模型。

表 7-7　　　　　　　　　回归结果表

变量	网络效应	币值稳定性	汇率	经济规模	资金成本	风险管理需求		调整 R^2
						进口	FDI	
美元	2.10 *** (0.29)	0.02 (0.02)	0.01 ** (0.00)	1.17 *** (0.27)	0.03 *** (0.01)	-1.54 *** (0.29)	1.26 (0.28)	61%
瑞士法郎	0.33 ** (0.13)	0.00 * (0.00)	-0.03 (0.02)	8.20 * (4.81)	0.00 * (0.00)	0.43 (0.34)	2.37 0.21	73%
欧元	0.14 *** (0.16)	-0.01 (0.01)	0.22 ** (0.11)	5.17 *** (1.34)	-0.03 ** (0.01)	0.07 (0.18)	4.18 ** (0.20)	58%
英镑	1.79 ** (0.79)	0.00 (0.01)	-0.04 (0.07)	2.23 (4.08)	0.01 (0.01)	0.83 ** (0.39)	8.50 *** (0.27)	32%
日元	-0.84 (0.26)	0.00 (0.00)	-7.96 ** (3.85)	1.07 *** (0.21)	0.00 (0.01)	1.75 *** (0.39)	-11.69 (1.65)	87%

注：* 代表在 90% 的水平下显著，** 代表在 95% 的水平下显著，*** 代表在 99% 的水平下显著。

从各个自变量的显著性水平来看，同一自变量对于不同币种的显著性程度是不同的。换言之，不同货币国际债券发行量占比的影响因素不尽相同。经济规模和网络效应这两个自变量在 4 种货币的回归模型下均显示至少在 90% 的显著性水平下显著，可见这两个变量对于被解释变量确实有明显的影响。汇率、进口、资金成本这 3 个自变量在 3 个回归模型中显现至少在 90% 的显著性水平下显著。FDI 这个变量在 2 个回归模型中显现出至少在 95% 的显著性水平下显著。币值稳定性这一变量只对于瑞士法郎的国际债券占比有显著影响。

具体考察网络效应对于国际债券币种选择的影响，我们发现除了日元以外，其余 4 个币种的回归系数均是正值且显著。这反映了某币种国际债券未偿付余额的"盘子"越大，该币种国际债券发行量占比就会越大。尤其是对于以欧元和美元计价的国际债券来说，网络效应这个自变量的显著性水平很高，显示了这两种货币的网络效应有显著的正反馈作用，进一步反映了这两个市场上国际债券发行费用较低。日元的网络效应不显著，并且回归系数为负。1995—1996 年，日元国际债券未偿付余额占比达到历史最高位——超过 17.09%，在各币种国际债券未偿付余额占比中排名第 3 位。但就是这样一个未偿付余额如此之大的货币，其发行量占比从 1994 年的 30% 以上骤降到 1998 年的 6%。这说明，日元形成的网络效应并不稳固，日元网络效应并没有突破临界值形成正反馈机制，因此国际债券市场参与者可能轻易地抛弃日元债券，转向其他货币。

CPI 指标反映的是货币对内价值的波动。从各货币这一指标的显著性水平来看，货币对内价值的波动对于国际债券币种选择的影响不明显。只有在瑞士法郎回归模型中，这一自变量是显著的。从我们的回归结果上看，货币对内价值的稳定性不是一个主要影响因素。当然，在我们研究的这段时间里，这五个币种的通货膨胀率都不高，最高的是英镑在 2011 年第三季度达到 5.2%。所以我们不排除在发生较严重甚至恶性通货膨胀之时，这一指标有可能对国际债券币种选择产生重要影响。

经济规模对于美元、瑞士法郎、欧元和日元都有显著影响，且这一自变量的回归系数符号在各个回归方程中都很一致，均为正数。这与我们之前的理论是一致的：一国的经济规模对于该国货币在国际债券市场上的地位有重要影响。一国经济规模越大，该国货币越有可能被用作国际债券发行市场的计价货币。

汇率对于美元、欧元和日元国际债券占比有显著影响。从回归系数上看，美元和欧元的回归系数为正，即这两种货币升值时，其国际债券发行量会增多。这说明了美元和欧元国际债券市场上，债券投资者对汇率的敏感性程度较大，如果预期未来货币升值，国际债券投资者会对其趋之若鹜。对于日元来说，情况则不同，汇率回归系数为负，说明在日元国际债券市场上，债券发行者对于汇率波动的敏感性较大，如果预期未来货币升值，发行者会避免发行以日元计价的国际债券。

利差变动代表的资金成本对于美元、欧元和瑞士法郎都有显著影响。但利差对于货币国际债券占比的影响方向对于各币种并不相同。对于美元和瑞士法郎，其利率越高，国际债券发行量占比越大，说明在这两个市场中，国际债券投资方对利率的敏感性比发行方大。5个回归方程中，只有欧元的回归系数为负，即欧元的利率越高，欧元国际债券市场发行量占比越小。这说明了在这一市场中，国际债券发行者对于利率的敏感性比投资者大。

进口及FDI都衡量的是企业风险管理需求的大小。其中进口指标对于美元、英镑和日元的回归系数显著，进口指标对美元国际债券的影响是负向的，对英镑和日元的影响均为正向。FDI指标对欧元和英镑的回归系数显著，且均为正向影响。进口及FDI的回归系数为正值，与我们之前的企业风险管理需求理论是相符合的，即由于某国进口及来自外国的直接投资量越大，对他国来说未来该国货币流入量就越大，他国企业就由此产生了对于该国货币汇率风险的管理需求。美国进口量回归系数为负则与我们的理论相矛盾，这可能是因为美元汇率风险管理的衍生金融工具较多，未来有美元流入的外国企业可通过衍生品来管理。另一个可能是较多的美元债券发行者是出于美元债券市场的优良市场性质而选择使用美元的，相比之下，出于风险管理需求而发行美元债券的企业较少。

总结我们的计量结果，对于美元、欧元、日元、英镑、瑞士法郎进行实证研究后，可以看出，经济规模对于国际债券币种选择的影响方向在我们研究的5个币种中是确定的——与被解释变量正相关。网络效应、汇率、利率及风险管理需求这四个自变量在不同币种的模型中，表现出不同方向的影响。所以，我们的结论是：第一，一国的经济规模越大，该国货币在国际债券市场上会被越多地作为计价货币。第二，货币在网络效应足够大以形成正反馈机制后，对于该货币在国际债券市场发行额会有正向的影响。否则，影响方向可能不确定。第三，利率和汇率对于不同货币国际债券发行量占比的影响方向不尽相同，影响方向与各个币种国际债券市场上投资者和发行者对于汇率、利率的敏感性大小相关。

7.2.4 对人民币的实证结果及分析

接下来，我们利用迹检验判断人民币回归模型的变量之间是否存在长期协整关系，并进一步确定协整关系是什么。根据 AIC 标准，我们选择滞后阶数为 2 的 VAR 模型，利用怀特检验对该 VAR（2）模型进一步检验，发现残差序列具有平稳性。

如表 7-8 所示，迹检验的结果是这些变量之间存在一个协整关系。

表 7-8　　　　　　　　　迹检验结果

原假设：协整向量的个数	迹统计量	P 值
0	30.28	0.03
至多 1 个	11.33	0.19

最后，我们得到的协整向量见表 7-9。

表 7-9　　　　　　　　　协整向量

被解释变量	网络效应	汇率	经济规模	利差
1	8.32	-0.86	-0.67	0.39
	(-1.40)	(-0.20)	(-0.13)	(-0.09)

从以上的协整结果可以看出，人民币国际债券发行量占比与人民币

汇率、中国的经济规模存在长期正相关关系,与网络效应及利差存在长期负相关关系。

人民币国际债券发行量占比与经济规模的正相关关系与其他币种的回归结果一致。改革开放以来,中国国内的商品、服务贸易市场及金融市场规模都有明显提升,与国外市场的联系也大为增多,在2011年成为世界第二大经济体。随着经济规模的增长,人民币在国际贸易计价结算中的地位有了明显的提升,人民币在国际金融领域的使用也逐渐起步。

人民币国际债券发行量占比与人民币汇率存在着正相关关系。这反映了相比于人民币国际债券发行者来说,人民币国际债券投资者对于人民币汇率更敏感。这可以用Cohen(2005)的理论来解释,本国发行人对于本国货币汇率变动不敏感。人民币国际债券发行者多是中国机构,因此发行人对于人民币汇率的敏感性比投资者的敏感性弱。以点心债为例,2011年点心债遭到抢购,原因是投资者对人民币升值的强烈预期。点心债的期限多是3~5年的短期产品也验证了这一原因——点心债的投资者几乎都是冲着人民币升值预期来的,这种预期在短期内比在长期内更为强烈,因此,点心债的期限结构集中在短端。

网络效应对于人民币国际债券发行量占比的影响方向与其对日元国际债券发行量占比的影响方向相同,都为负。这说明了人民币国际债券的网络效应尚未形成正反馈机制——人民币国际债券未偿付余额量尚小,未达到足以产生正反馈的临界点,网络效应带来的正外部性收益不足以弥补使用人民币带来的成本增量。利差对于人民币国际债券发行量占比有负向影响,这说明,人民币国际债券发行者对于利率较敏感。在人民币债券利率上行时,债券发行者会倾向于转向利率更低的币种的债券来降低资金成本。在2012年香港市场点心债利率爬升之时,点心债的发行量大为减少,就是人民币利差上升对于人民币国际债券发行量占比负向影响的一个实际例子。

总结上述的计量结果，我们发现，无论是对于以发达国家货币计价的国际债券（例如美元、欧元、日元、英镑和瑞士法郎国际债券），还是对于以发展中国家货币计价的国际债券（例如人民币国际债券），国内的经济规模都是货币在国际债券市场上发展的有力支撑。但是，网络效应对于不同币种的作用方向则不尽相同，网络效应并不意味着一定能形成正反馈机制，人民币和日元就没能形成网络效应的正反馈机制。汇率和利率对于各币种的影响方向也不同，影响方向取决于各币种国际债券市场上投资者和发行方对于汇率和利率的敏感性对比。

7.2.5 基本结论

从上述的计量结果，我们发现，不同货币国际债券发行量占比的影响因素并不相同。例如，汇率水平对于美元、欧元、日元及人民币均有影响，但对于英镑和瑞士法郎则不能证明具有影响。另外，即使是汇率对于欧元和日元都有影响，但影响方向不相同。这种影响因素的差异性源于各个币种不同的国际债券市场微观结构，以及各币种国际债券市场所处的网络效应的不同阶段。

广义的金融市场微观结构是各种交易制度的总称，包括对市场参与者特质和行为的研究。不同货币国际债券市场参与者的不同特质和行为特点会使影响该货币国际债券发行量的因素不同于其他市场。以汇率为例，汇率升值对于美元国际债券发行量的影响为正，而对于日元国际债券发行量的影响为负。这种不同的影响方向就源于美元和日元国际债券市场上投资者和发行者对于美元和日元汇率敏感性的不同。例如，在投资者对于汇率更为敏感的市场上，如美元市场，美元的升值将使美元国际债券更加受到投资者的欢迎，从而发行量上升。反之，在发行者对于汇率更为敏感的市场上，如日元市场，发行量将下降。

另一个对于不同货币国际债券市场的影响因素差异性起作用的是网络效应。我们根据1993年至今（欧元使用1999年以后的数据，人民币使用2006年以后的数据）以上六个币种国际债券未偿付余额占比的平均值大小将各币种划分为进入期、扩张期和不可逆期三类，划分标准参考Oomes（2001）的5%和35%。从表7-10中可以看出，对于处于同一网络效应阶段的货币，同一种影响因素对该货币国际债券发行量占比的作用方向基本是相同的。例如，对于美元和欧元这两个属于不可逆阶段的货币，从实证结果看这两个货币国际债券发行量占比的影响因素和影响方向基本相同。由此可以看出，分析某币种国际债券币种选择的影响因素需要结合该货币处于的网络效应阶段考虑。

表7-10　　　　　　　按网络效应阶段划分的影响因素方向

所处阶段		进入期	扩张期			不可逆期		主流影响方向
币种		人民币	瑞士法郎	英镑	日元	美元	欧元	
未偿付余额占比		0.04%	3.08%	8.71%	7.88%	38.27%	37.49%	
变量影响方向	网络效应	-	+	+	-	+	+	+
	汇率	+	-	-	-	+	+	
	GDP占比	+	+	+	+	+	+	+
	利率	-	+	+	+	+	-	+
	进口	+	+	+	+	-	+	+
	FDI	+	+	+	-	+	+	+

注：正负号表示不同因素对于某种货币国际债券发行量的正相关或负相关。

综上所述，我们在分析国际债券计价币种选择的影响因素时，需要具体货币具体分析——分析某货币国际债券市场处于网络效应的哪个阶段，以及分析这个市场的微观结构（见表7-11）。根据分析结果再来进一步考虑影响因素。

表 7 – 11　　　国际债券计价币种选择的影响因素分类表

		微观市场结构	
		发行者特质	投资者特质
网络效应	进入期	影响因素……	

7.3　促进人民币国际债券市场发展的启示

从以上对于美元、欧元、日元、瑞士法郎、英镑以及人民币的实证分析中，我们得到两点关于促进人民币国际债券市场发展的启示。

7.3.1　降低发行成本，形成网络效应的正反馈机制

在推进人民币国际债券市场发展的过程中，要注意区分人民币国际债券市场的网络效应处于哪个阶段，是进入阶段，还是扩张阶段，还是不可逆阶段。在这些不同的阶段之中，影响因素的影响程度和作用方向均可能是不同的。

从本书对于人民币的实证结论看来，处于网络效应进入期的人民币还享受不到正反馈机制。在这个阶段，人民币国际债券市场的投资者不是被人民币背后的中国经济实力或发行人的资质所吸引，也不是被人民币国际债券市场的制度优势或市场容量所吸引。在这个阶段，人民币国际债券投资者多是冲着人民币升值预期来的，短期投机者占据了市场的主导地位，因此人民币汇率升值对于人民币国际债券发行量产生了正向的影响。在这个阶段，人民币国际债券的发行者多是国内企业，他们对于人民币汇率升值不敏感，但是对人民币利率很敏感，在人民币国际债券有利率优势时，他们才会愿意发行人民币债券，一旦优势减弱，他们会很快地转向发行其他货币国际债券。在这个阶段，中国经济规模的增大并不必然对人民币国际债券市场的发展有显著拉动作用。例如 2012年，美国 GDP 占全球比重为 22.42%，美元国际债券发行量的占比高达

44.3%。中国GDP在全球占比超过10%，在全球中排名仅次于美国，但人民币国际债券发行量占比不足1%。这些都是人民币国际债券市场处于进入期所具有的特征。

在人民币国际债券市场处于当前阶段之时，关键是要使人民币的网络效应能够形成正反馈。这就要求人民币网络效应的正外部性收益不能被使用人民币的成本增量所抵消。要使人民币网络效应的正外部性收益不被使用人民币的成本增量所抵消，一方面可以通过增加人民币网络效应的正外部性收益，另一方面可以通过减小使用人民币的成本增量。人民币网络效应的正外部性收益会随着网络效应的增大而自然增大，而减小使用人民币的成本则更多地需要依赖政策的力量来减小人民币国际债券发行、交易、流通等过程中的制度阻力，从而减小在国际债券市场上使用人民币作为计价货币的成本。

具体来说，从政策上，应致力于进一步简化人民币国际债券的发行程序以鼓励更多的国内企业发行人民币国际债券融资，大力建设和发展人民币离岸市场和在岸金融市场，通过资本项目逐步开放打通在岸市场和离岸市场的资金流通渠道，从而减小人民币国际债券的发行成本。这样人民币国际债券市场才能通过网络效应形成良好的正反馈效应，人民币国际债券市场容量才能自发、健康地扩容。

7.3.2 细化市场精确定位

在寻求政策措施促进人民币国际债券市场发展之时，应当关注人民币国际债券市场的结构，特别是人民币债券投资者和发行者的构成以及他们对于汇率、利率等因素的敏感性程度。

从对人民币的实证结果中我们得出，在人民币国际债券市场上，投资者对于汇率敏感性更高，而发行者对于利率的敏感性更高。

2011年人民币国际债券供需两旺，需求方面源于投资方对人民币汇率升值的强烈预期，供给方源于香港比境内更低的利率。在这样的情形下，2011年香港市场点心债的发行规模一再创新高。

2012年，随着中国GDP增长率下降一个平台以及贸易数据疲软的打击，人们对人民币升值的预期逐渐转弱。同时，点心债的利率不断攀升，这也打击了发行者的热情。2012年点心债的利率同比明显上升，与美元债券的利息优势明显下降。例如，2012年3月卡特彼勒发行的2年期点心债利率在2.9%。而同期中海油、中石油等公司发行的5年期美元债券的利率为2.75%~4.461%，整体水平低于3年期点心债。点心债利率的提升严重影响了企业的发行意愿，导致了点心债发行量减少——在2013年6月甚至出现了连续4周无发行量的首例。

人民币国际债券在2011年的火热发行可以说是受到特定时点的原因的影响。然而，人民币汇率单边升值不可能永远持续，依靠汇率升值来促进人民币国际债券市场的发展也绝非可行举措。国内金融抑制倒逼国内企业走出国门发行人民币国际债券，也非人民币国际债券市场发展应该有的"动力"，在未来这一"动力"也将随着国内金融市场的进一步开放而消退。

因此，我们绝不能盲目地对人民币国际债券市场近年来取得的发展感到乐观，而应该警惕地分析发展背后的深层次驱动因素。在制定促进人民币国际债券市场发展的政策时，应剖析人民币国际债券市场的微观结构，分析人民币国际债券市场参与者的动机和对于各影响因素的敏感性程度，找出能驱动人民币国际债券市场发展的真正动力。

7.3.3 总结与展望

本章从公司微观层面和宏观经济层面对于影响国际债券计价币种选择的因素进行了理论梳理，并着重分析了经济规模、网络效应、币值稳定性、汇率、资金成本以及风险管理需求这六大因素对于美元、欧元、日元、英镑、瑞士法郎以及人民币这六种货币的影响程度和影响方向。

本章构建了实证模型，对1993—2013年以上六个币种国际债券发行量占比的影响因素进行了研究。研究结果表明，经济规模、网络效应、汇率、进口以及利率这五个因素对于至少4种货币国际债券发行量占比都有显著性的影响。国内的经济规模是各国货币在国际债券市场上发展的有力支撑。网络效应对于不同币种的作用方向不相同，因为网络效应并不意味着一定能形成正反馈机制，人民币和日元就没能形成网络效应的正反馈机制。汇率和利率对于各币种的影响方向不同，影响方向取决于各币种国际债券市场上投资者和发行方对于汇率和利率的敏感性对比。

进一步，研究分析认为各货币国际债券占比影响因素的差异性源于各币种国际债券的微观市场结构不同，以及各币种国际债券市场所处在网络效应的不同阶段。因此，我们在分析国际债券计价币种选择的影响因素时，需要先对各币种国际债券的微观市场结构和网络效应阶段进行分析。

基于上述实证结果，我们得出促进人民币国际债券市场发展的一些启示。人民币国际债券市场尚处于网络效应的进入期，在当前阶段，关键是要促使人民币的网络效应能够形成正反馈机制，这就要求网络效应产生的正外部性收益不能被使用人民币的成本增量所抵消。因此，政策的着力点应放在通过市场完善和制度安排来减小人民币作为国际债券计价货币的使用成本。另外，政策在制定时，应关注人民币国际债券市场的微观结构，特别是人民币国际债券投资者和发行者的构成以及他们对于汇率、利率等因素的敏感程度。

遗憾的是，由于时间和精力的限制，本书并未深入分析人民币国际债券市场的微观市场结构和人民币网络效应的具体情况，希望在未来的研究中能够就这两个领域进行更为深入的研究。

第8章　开创具有中国特色的货币国际化道路

中国经过五年的"调结构、转方式",经济发展进入了一种有别于先前的新常态。这种新常态最突出的特征有四个：一是经济告别两位数的高增长,转入7%左右的中高速增长;二是经济增长动力由过度依赖出口转向内需和消费驱动,经济的自主性增强;三是中国在全球产业链分工中开始走出微笑曲线的低端,逐渐走向技术和市场网络的高端;四是人民币国际化,中国在全球治理中发挥更加重要的作用。

2014年是人民币国际化驶入快车道之年,以中国在伦敦、法兰克福、首尔等地指定清算行,提供流动性为标志,人民币离岸市场从中国香港发展到英国、德国、韩国等主要发达国家,开始在全球主要的金融中心发挥影响。离岸人民币市场的合理化布局,有助于提高发达国家接纳贸易人民币计价结算并持有人民币的意愿。习近平主席提出的"一带一路"建设在国际社会引起强烈反响,路相通,心相连,中国政府欢迎周边国家"搭便车、搭快车"的明确承诺给人民币国际化积聚了巨大的正能量。在贸易人民币结算保持较快增长速度的同时,人民币对外投资和贷款以更快的速度增长,成为推动人民币国际化的新生力量。从动力上看,人民币国际化的"贸易+资本"双轮驱动机制已经初步形成。2014年中国的对外投资首次超过外商直接投资,成为净资本输出国,为人民币在资本市场扩大使用奠定了坚实的基础。值得一提的是,2014年7月上海期货交易所推出原油期货人民币结算,9月上海黄金交易所推出国际版,标志着人民币进军国际大宗商品计价结算,大大提升了人民币作为国际货币的计价功能。此外,人民币互换的作用不只局限于提供贸易结算的流动性,越来越多地体现出官方储备的功能。例如,2014年11月,巴基斯坦政府运用两国央行之间的货币互换,将人民币在离岸市场上兑换成美元,应对国际投机力量的冲击,成功地捍卫了本国货币,避免了一场可能发生的货币危机。毋庸置疑,人民币在中国进出口贸易、资本流动中的使用比例不断提升,离岸人民币市场在各大洲纷纷涌现,一定程度上改变了中国对外经济运行模式。人民币国际化不仅有利于中国免受汇率波动和热钱的冲击,还增强了中国对外贸易的议价权,成为中国经济新常态下一股非常重要的正能量。

中国人民大学研究团队首创的人民币国际化指数(RII),是一个客观描述人民币在国际经济活动中实际使用程度的综合量化指标。使用这个指标,可以了解在贸易结算、金融交易和官方储备等方面人民币执行国际货币功能的发展动态,也可以与其他主要国际货币作出横向比较。2009年底,RII只有0.02%,2013年底提高到1.69%。根据初步匡算,2014年底RII估计可达到2%。在短短五年的时间里,RII增长了近100倍。如果金砖开发银行、亚洲基础设施投资银行等进展顺利,推动人民币对外直接投资(ODI)和人民币信贷大幅度增长,RII就将继续保持快速攀升。由于英镑和日元的国际化指数近几年在4%左右,只要没有重大不利事件发生,按照目前的人民币国际化势头,未来3~5年人民币很有可能成为继美元、欧元之后的世界第三大货币。尽管过去五年人民币国际化成绩斐然,中国对外贸易中人民币结算的份额已经超过16%,但是使用人民币计价的比例较低。企业之所以愿意使用人民币进行结算,主要动力来自人民币的升值预期,而非中国有国际竞争力和议价主导权,对此我们需要保持清醒的认识。与美元、欧元54%和27%的国际化指数相比,人民币国际化水平相差甚远,人民币国际化道路还很漫长。

历史上,英镑、美元、日元、欧元等主要货币成为国际货币的模式、路径不尽相同。英镑成为国际货币的道路是"世界加工厂+殖民地"。英国在工业革命后不仅拥有强大的生产能力,还依靠坚船利炮占有广阔的殖民地,成为"日不落帝国"。英国在殖民地推行英镑,使英镑很快成为了国际货币。美元成为国际货币的道路则是"经济霸主 + 国际秩序"。美国在 20 世纪初经济实力就超越英国,通过政治上的"门罗宣言",美国将美洲作为自己的势力范围,美洲国家与美国的交往大多使用美元。因此,在第一次世界大战后,美元就成为与英镑、法国法郎并行的三大货币之一。第二次世界大战后,美国主导了国际政治经济秩序,布雷顿森林体系确立了美元与黄金挂钩、其他货币与美元挂钩的国际货币秩序,使美元名正言顺地登上国际货币霸主地位,主要国际经济活动几乎都使用美元计价结算。日元的国际化道路表现为"对外投资 + 日元升值"。20 世纪 60 年代,日本实行贸易立国政策,经济连续 30 年高速增长,成为第一个进入 OECD 俱乐部的亚洲国家。到了 80 年代,日本的经济实力仅次于美国。由于年年贸易顺差,日元一直面临升值压力。1985 年五大国财长签署《广场协议》后,日元快速升值,升值幅度超过 60%,吸引了国际投资者大量持有日元。此外,日本还推行"黑字还流计划",设立海外协力基金,大举投资中国和东南亚国家,使日元国际化发展迅猛。在 20 世纪 80 年代末,日元在全球贸易结算中的份额曾经高达 18%。然而,过快的日元升值不仅摧毁了日本的贸易竞争力,导致日本经济空心化,还产生了巨大的房地产泡沫。随着泡沫经济的破灭,日本经济停滞了二十多年,日元的国际化水平一路下滑。与以上三种货币相比,欧元国际化路径大不相同。欧元走了一条"超主权货币 + 区域化"的道路。在蒙代尔"最适货币区"理论指导下,欧元区国家放弃了自己的主权货币,组建共同货币欧元,于 1999 年开始在各成员国内使用。随着欧元的东扩,越来越多的欧洲国家加入到使用欧元的行列。原来使用法国法郎的非洲国家也转而使用欧元。目前,欧元在国际贸易中的份额与欧元区在全球经济总量中的份额大体相当,意味着欧元主要是在本区域内使用,并没有在区域外谋求更多的国际使用份额。

8.1 高质量的经济增长奠定国际货币根基

对该国经济和偿付能力的信心是主权货币的信用根基。这种信心是建立在经济持续稳定发展的基础上。美元能够为本国居民和非本国居民认可和接受，就是由于"二战"后美国取得了全球首屈一指的经济地位。目前，我国经济规模已超日本，荣升为世界第二大经济体，贸易地位也不容小觑。应该说，我国的经济实力和规模已初步具有这种国际货币的根基。货币国际化本质上是主权货币走出国门使用，最直接的方式就是跨境贸易结算。然而，健康的经济增长，不应只从量上考量，更应从质上考量，高质量、低消耗的经济增长更能够增加国际社会对我国和人民币的认可和信心。从节约成本角度，跨境贸易自身具有推进货币替代和主权货币国际化甚至产生超主权货币的动机。货币格局调整是较为复杂的过程，经济规模因素与贸易格局因素相似，与国际货币格局调整不总是一致的，会有调整滞后性。根据历史路径，1872年美国的经济规模就超越了大英帝国，而到了1915年美元才被国际社会认可和接纳，直到"二战"后才真正成为国际本位货币。

中国发展成为世界经济和贸易大国，得益于改革开放后参与并迅速融入到全球经济一体化当中来，充分利用了劳动力成本低和高储蓄的比较优势，创造了经济增长的全球奇迹。而优势和劣势总是相互转化的，原来的劳动力成本优势，随着刘易斯拐点逼近，已经在逐渐收窄，颇高的居民储蓄倾向，带来了消费推动力不足的问题。在增长过程中，还产生了产能过剩、环境污染和资源过度消耗等现实问题。多年的高速增长实际依靠的是投资和出口两台发动机，这种高度依赖政府基建投资和外部需求的模式自身具有不稳定性和脆弱性，让我国经济很容易被欧美国家经济弱周期拖累，也易于陷入"高污染、高耗能"的泥潭无法自拔。①

不仅如此，在享受经济增长成果的同时，我国目前已经逼近"中等收入陷阱"。很多国家还仍然在与该陷阱周旋，而早早跨越这个陷阱的新加坡、韩国、中国台湾等地有以下跨越经验：一是适时调整经济结构，二是提升技术创新贡献，三是改变在国际分工中的低端地位。经济结构转型不是须臾之间能够完成的，根据比较成熟的国际经验，大概需要20年的调整时间。此轮金融危机爆发以来，欧美经济乏力，加之主权债务危机扩散，人民币汇率攀升，我国外贸受到的影响颇大，经济增长出现连续下滑，更引发了对加速转变高度依赖投资和外需的模式的呼吁。这种转变主要通过实现产业替代升级，增强自主创新能力，打造国际知名品牌，提升产品附加值等方面实现。如果贻误转型良机，有可能造成经贸增长形势发生扭转。如果人民币国际化的信用根基不在，人民币走出国门使用流通的美好愿望就会落空。这不止会延缓人民币国际化进程，甚至不排除有逆转的可能。

"大而不强"是经济贸易领域并存的问题。体现在，外贸产业商业成熟度不高，综合实力弱，与工业强国、贸易强国的美、日、德仍存显著差距。我国企业尚处在产业链中低端的加工组装环节，利润率不高；缺乏具有技术实力和国际竞争力的跨国企业，既没有几个良好口碑的全球品牌也缺乏自主创新研发的核心技术，归根结底还是创新意识和能力不足。为应对经济危机和产业空心化，有些发达国家开始实施再工业化政策，而劳动力成本优势的削弱使一些产业开始转移到其他更廉价的国家、地区，这些现象都可能引起我国贸易增长乏力甚至发生负增长。

我国超过一半的出口产品还属于加工贸易产品，外贸企业虽然数量众多但行业集中度低、规模较小。这些因素都造成了我国出口产品的可替代程度较高，贸易竞争力不理想，制约了我国外贸企业的议价能力和

---

① 陈雨露、涂永红、王芳：《人民币国际化的未来》，载《中国经济报告》，2013（1）。

货币选择权。上文提到的依赖于投资和出口的经济增长模式也牵制了外贸企业的谈判意愿和能力。说到底，要想解决贸易货币选择上的困境，只有通过实现经济增长模式升级，强调高质量的经济增长，加强技术创新，打造良好口碑的国际品牌，提升产品的差异度，才能提高在贸易上的话语权。

8.2　国际贸易格局变化或触发贸易计价货币替代

21 世纪以来，全球贸易格局变迁呈现出如下特征：一是新兴市场贸易份额大幅上升，几乎与发达国家比肩，亚洲、非洲、拉丁美洲市场份额增加，与欧洲、北美等市场份额趋近。二是国际贸易主要形式转变为南北贸易，发展中国家与发达国家之间的贸易往来更加密切。三是贸易主流转变为区域内贸易，双边贸易有取代多边贸易趋势。

贸易格局调整或将触发贸易计价货币产生些许变化。从国际货币史路径可以看出，国际贸易格局调整在一定程度上会触发贸易计价货币替代，随着计价货币在境外的逐步累积，会延伸至投资交易领域，金融领域自然会加速货币替代进程，经过长时间积累酝酿，人们逐步认可适应新兴的国际货币，就表现为国际货币体系发生改变。上文指出，经济规模、宏观经济稳定性、行业特性、贸易结构、交易成本、避险动机是决定跨境贸易计价货币选择的关键因素。贸易计价结算货币更有可能是新兴贸易大国的主权货币，贸易的结构调整和区域化有可能改变现有货币格局，产生新的国际货币，经贸格局变迁的驱动因素差异，货币替代也呈现出不同特征。

本轮国际贸易格局调整给人民币打开巨大机会窗口。从客观环境看，南北贸易、区域贸易成为主流，跨国公司在贸易模式、生产要素配置等方面日益发挥更重要作用。就内在条件而言，中国贸易规模连年快速增长，我国已超越美国成为全球第一贸易大国。同时，我国对外贸易也发生了较大的结构性变化，突出表现为电子、通讯等附加值较高的产品贸易份额不断扩大；贸易市场多元化，对欧美、日本等传统贸易市场的依赖程度下降，对东盟、非洲、金砖国家、拉美地区的贸易快速增长；而且对外直接投资和贷款对于贸易的增长有重要的推动作用。对中国贸易格局变化的详细分析和深入研究发现，中国在东盟"10+3"区域贸易、上合组织六国、金砖国家、拉美、非洲等新兴经济体的贸易份额日益提高。为了规避美元、欧元、日元等主要货币的汇率风险，这些地区在对华贸易中具有人民币结算的巨大潜在需求。

笔者大胆设想国际贸易格局变化触发贸易计价货币替代之后的情景，以下设想的情景不分先后，也有同时发生的可能。可能一是我国作为区域大国影响力提高，人民币有可能成为区域具有影响力或者领导力的关键货币或者本位币。可能二是随着经济、贸易、政治、文化各领域影响力的增强，人民币进入主要国际货币俱乐部，甚至与美元并驾齐驱。可能三是现行货币体系中的主流货币不会任由主导权丧失，会向新兴国际货币发起保卫战，有可能造成有些新兴市场国家经济情况发生改变甚至逆转。

8.3 现代高效的金融支撑体系是人民币跨境结算的载体

现代高效的金融支撑体系是人民币跨境结算的载体，建立适应于实体经济发展的金融支撑体系是金融改革的目标。所有的人民币流动性都要依靠我国的金融体系支撑，并实现保值增值。与发达国家相比，我国金融体系还有一定差距，作为跨境人民币业务主要提供者，银行业金融机构发展空间很大。中资商业银行本身有动力和意愿提升服务水平和管理能力，对跨境人民币业务极为重视，在全球现金管理和跨境贸易融资等业务中探索创新，但仍存在一些差距：一是中资金融机构国际化程度不高，境外分支机构数量有限，"六大经济体"市场中很多地方还没有他们的身影，不仅如此，机构网点布局也不尽合理。二是由于境外项目搜寻信息成本较高，在稳健偏紧的货币政策下，银行在分配信贷资金时更偏爱国内项目，而忽略境外项目。利率和汇率市场化改革未竟，利率和汇率的双重价差吸引了境内外投资基金的套利交易，跨境人民币业务有可能为投机资本利用，从而影响了为实体经济走出去服务的功能。另外，人民币流出以后，目前缺乏较为正规的保值增值手段，影响了境外人士持有人民币的意愿。对于金融机构而言，需要逐步适应人民币跨境贸易业务，同时在跨境贸易开展中，不断涵养自己，以国际标准提供金融服务，更好地承载人民币更为深广的金融服务。

银行业金融机构在我国金融体系中居于核心地位，金融行业风险相对较高，开放较晚且推进较稳妥，金融市场化程度还不高。通过短期货币市场和中长期资本市场融资的规模占比较低，而在银行业的贷款规模中，国有银行也占到过半，这种金融模式，自身容易产生信贷配给不平衡、资金使用效率低和中小企业融资难的问题。与欧美等发达国家采用的资本市场主导的金融体制大相径庭，金融文化也有一定差异，因此不易得到发达国家认可和接纳。我国利率和汇率市场都尚未完成市场化，对银行利差的保护阻碍了银行风险定价能力的发挥，也抑制了以盈利为核心的银行金融创新动机，市场化价格机制的缺失使外国贸易商和投资者在持有人民币时没有安全感，不利于扩大人民币在跨境贸易和交易中的使用范围。总的来说，我国金融业的国际竞争力偏低，全面风险管理以及服务精细化水平不高，在面对人民币国际化后出现的复杂的风险情景和多元的金融业务时，可能会措手不及。与此同时，跨境的支付清算体系是推进人民币跨境交易中不可或缺的关键环节。随着跨境贸易人民币计价结算规模逐步增加，将产生与之配套的资产管理和风险管理等金融业务，带动人民币的跨境投资交易增加。目前，跨境人民币支付信息系统和支付清算系统正在建设之中，将逐渐满足金融机构批量支付交易的需求。逐步完善跨境人民币支付信息和清算系统的建设，保障人民币持有人便捷、安全、及时的人民币划转业务也是推进人民币跨境结算的关键所在。

主流国际货币都有发达的离岸市场，可见，离岸市场是主权货币国际化的必要条件之一。如果非本国居民在跨境贸易和交易中使用人民币，长此以往会有一部分人民币存留在境外，这些境外的流动性也同样具有保值增值的需求，离岸市场应运而生。香港人民币离岸市场是第一个人民币离岸市场，在人民币升值预期的机遇之下启动，在资金价格市场化的离岸市场汇率溢价高于我国本土金融市场，引发了投资者的套利动机，增加了人民币流出。2013年新加坡、中国台湾、伦敦等地都争相加快人民币离岸市场的建设，离岸市场在我国经济体系之外增加了人民币的中转站和蓄水池，蓄水池中过多的流动性考验了我国货币当局和监管机构的监管水平，也在一定程度上影响了我国货币政策的独立有效性。离岸市场套利行为在利益驱使之下，增加了出口商用美元跨境交易的动机，降低了进口商在国内购汇的冲动，增加了央行资产负债表上的外汇，致使外汇储备继续扩大，升值压力加大。为了稳定汇率和控制货币供给，中央银行不得不对外汇供给冲击进行对冲，而这种对冲妨碍了货币政策的独立性和有效性。

8.4 开创中国特色人民币国际化之路

回顾人民币国际化五年的历程，不难发现，中国选择了一条符合国情的、具有自身特色的人民币国际化道路，即"贸易+对外投资+双边协议"。

首先，以贸易为抓手推动人民币国际化。中国充分发挥"世界加工厂"的优势，促进贸易自由化，与东盟、瑞士、韩国、中亚等多个国家签署了双边自由贸易协议，不断提高中国在全球贸易中的份额，直至2013年超过美国成为全球最大贸易国。国际贸易份额变化赋予中国更大的宏观经济溢出效应，使那些与中国贸易关系紧密的小国产生强烈的动机进行货币替代，放弃原来的贸易计价货币，转而使用人民币，以减少投入品和生产成本的波动。美元、日元、德国马克崛起的历史经验表明，新兴贸易大国的崛起总是伴随着贸易计价货币的替代，当这种货币替代积累到一定的程度，国际货币格局就会发生质的改变，新兴贸易大国的货币将成为主要的国际货币。为了打破贸易计价货币的惯性，降低使用人民币贸易计价的阻力，过去五年，中国致力于贸易多元化发展，对欧美、日本等传统贸易市场的依赖程度下降，对东盟、非洲、金砖国家、拉美地区的贸易则快速增长。此外，为了克服出口商品同质性强和可替代性较高等问题，中国政府还大力鼓励创新，电子、通讯、高科技等附加值较高的产品贸易份额逐年扩大，出口商品市场竞争力的提高无疑增加了人民币计价的优势。

其次，以投资和离岸市场作为加速器扩大人民币的国际使用范围。在当今的国际贸易中，跨国公司是组织者和领导者，在计价货币选择、资本流动方面具有决定权。从2004年开始中国制定了企业"走出去"战略，到国外设立分支机构，组织生产和销售。经过十年的努力，中国已经成为世界第三大新增直接投资国。2014年中国的对外投资第一次超过外商直接投资，成为净资本输出国。在世界500强中，中国企业的数量仅次于美国。中国本土跨国公司数量的增加，不仅促进、巩固了我国对外贸易的增长，更重要的是在选择人民币作为贸易计价货币方面有了更大的话语权。如果没有离岸人民币市场，非居民就不能自由地使用人民币，人民币就不能成为一种有吸引力的资产和财富。历史经验表明，美元之所以被广泛使用于第三方交易，很难被其他国际货币取代，并在各国官方外汇储备中始终占有最大份额，关键在于发达的全球美元离岸市场。因此，在人民币国际化之初，中国就选择风险可控的香港地区建设人民币离岸市场，探索建立有效的离岸市场机制，增强人民币可自由使用和便利性。2013年以来，人民币离岸市场在全球范围内实现了突飞猛进的发展，离岸市场人民币存款规模接近2万亿元。目前，以中国香港、新加坡、首尔等地为代表的亚洲境外人民币资金池已初具规模，法兰克福、伦敦、卢森堡等欧洲主要国际金融中心的离岸人民币交易量呈现快速增长趋势，非洲和美洲的部分国家也开始积极争抢离岸人民币业务。离岸市场对于提升人民币的国际地位发挥了重要的推动作用。

最后，以双边货币互换协议为保障提高人民币在官方层面的认可度。主要国际货币是国际社会广泛使用的货币，这些货币由IMF发布，并得到IMF各成员国的认可。由于IMF只单独统计并公布自由使用的、在全球官方外汇储备中比重大于1%的货币，符合该条件的货币目前只有美元、欧元、日元、英镑、瑞士法郎、加拿大元和澳大利亚元。换言之，由于中国对部分资本项目实行管制，人民币至今仍然不是IMF认定的"可自由使用"货币。人民币不在IMF的统计之列，自然不被IMF认可。为了提高人民币的可获得性，打消一些贸易伙伴国担心市场上人民币流动性短缺的顾虑，中国政府采取了签订央行货币互换协议的手段，与包括欧央行在内的29个国家和地区签订了超过2.5万亿元的双边货币互换协议，大大增加了市场对人民币的信心，有力地推动了人民币的长期使用，为离岸人民币市场发展提供了稳定器。

在人民币国际化进程中，中国面临三个方面的严峻挑战：第一，贸易大而不强。中国是贸易大国，但是中国在商业环境、创新能力、品牌价值、议价权等方面并不具有国际竞争力，致使贸易的主导权不够强大，以贸易为抓手推动人民币的后劲不足。第二，投资分布不合理，民营企业投资能力偏弱。中国的投资大多集中在东南亚地区，欧洲、非洲和拉美等地区，而且对外投资主要集中在能源、资源、交通行业，高端制造业、服务业投资较少。投资主体以国企为主，与国外的以民营企业为主的经营环境不匹配，结果是中国的对外投资在国外的市场影响力偏弱，不利于跨国公司获得足够的贸易主导权来支撑人民币国际化。第三，离岸市场削弱货币政策效力。如果中资企业和金融机构的资金活动过度依赖离岸市场，特别是热钱流动过于频繁，金额过大，就会冲击在岸市场利率和汇率的形成机制，甚至将人民币定价权夺走。还有可能形成国内货币紧缩压力或输入性通货膨胀，导致本国的货币政策失灵或达不到预期的效果，进而对本国的宏观经济管理提出新的挑战。

展望 2015 年，国际经济环境变得更加复杂。首先，2014 年美国的新增就业水平已经恢复到危机之前，美联储也启动了退出量化宽松（QE）的程序，美国意图重新恢复其在全球的说一不二的控制地位，对快速上升为世界经济"次位"的中国难免多方加以遏制。其次，中国出口的外部需求状况不容乐观。中国的最大出口目的地欧盟仍然身陷危机泥潭，国际货币基金组织（IMF）已调低欧元区的增长预期至负数，乌克兰危机以及对俄罗斯的经济制裁，使欧盟经济复苏越发困难重重。中国另一个重要的贸易伙伴日本，在安倍经济学的"三把火"烧过后，经济增长动力依旧不足，出现了负增长，不得不继续实施量化宽松政策。最后，新兴市场国家出现金融危机的风险加大。石油、铁矿石等原材料价格的大幅度跳水，使俄罗斯、巴西、委内瑞拉等资源大国出口收入锐减，委内瑞拉等国宣布无力偿还外债。12 月 17 日，卢布狂跌超过 20%，俄罗斯已经爆发了货币危机，作为俄罗斯最大的贸易伙伴，中国难免受到一定程度的传染，需要高度重视资本大规模流动的影响。

由于国际贸易、国际金融市场的计价货币具有惯性和"网络效应"，当今主要货币之外的货币很难在国际经济中脱颖而出，发展成为一种新的国际货币。中国要走好"贸易+对外投资+双边协议"的人民币国际化道路，应该做好以下几项工作：第一，抓住"一带一路"建设的机遇，以贸易为纽带推动使用双边货币进行计价结算，逐步降低对美元结算的依赖，从而突破现有国际货币的惯性障碍，稳步扩大人民币的国际使用范围。第二，完善人民币汇率机制，根据市场化供求关系确定更为灵活的双边汇率，确保人民币实际有效汇率基本稳定或略有上升，形成人民币稳定及长期升值的市场预期，夯实国际社会对人民币的信心，提升人民币对国际金融市场主体的吸引力。值得一提的是，中国在亚洲基础设施投资银行、金砖新发展银行等新型国际组织具有更大的话语权，在互利互惠的前提下，努力让这些组织也有可能成为推动人民币国际化的平台。第三，创新货币政策工具和传导机制，坚持主动性和审慎性相结合，促进货币政策调控从数量目标转向价格目标，使人民币离岸市场定价跟随在岸市场，确保人民币定价权牢牢掌握在我国央行手里，确保货币政策的效力不被削弱。建立全新的宏观审慎金融监管模式，将离岸市场纳入监测范围，加强金融监管的国际合作，用市场手段减小离岸金融市场投机活动对国内经济的冲击，维护本国经济金融安全。

结　语

由 2007 年美国次贷危机引发的国际金融危机，使越来越多的金融界人士和学者开始关注和意识到现行的牙买加货币体系存在的问题和风险，更加多元化的全球货币体系或将成为下一个货币格局调整目标。我国历经多年高速增长后，已跃升为世界第二大经济体，在贸易领域也有精彩表现，已成为全球第一大出口国、第二大进口国。为抵御美元贬值，在过去几年中，人民币在周边国家跨境贸易中已被自发使用和持有，在市场选择的推动下，我国官方逐渐放开了跨境贸易人民币计价结算的政策，由试点逐步推行，在制度、政策和管理等方面为人民币行使跨境计价结算功能铺平了道路，人民币跨境贸易计价结算启程。

跨境贸易人民币计价结算推广是人民币国际化进程的基础，作为计价结算职能的货币为作为储藏手段职能的货币创造了需求和供给。严格说来，人民币境外的流通使用不等同于人民币国际化。但随着跨境人民币计价结算频次增多，人民币在境外使用规模增大，境外会沉淀人民币流动性，为人民币成为国际储备货币奠定扎实的现实基础。跨境贸易人民币计价结算，是人民币走出国门的第一步，贸易项下的"走出去"，有利于促进投资便利化，为实现人民币的跨境投资交易职能做好铺垫。跨境贸易计价结算是货币国际化进程的逻辑起点，人民币跨境贸易计价结算是国际化进程推动力，但不是国际化的唯一目标和根本着眼点，实现人民币国际化终究还要靠经济转型、政治影响力提高和综合国力增强。

纵观主要国际货币的成长史，货币国际化进程通常会经历贸易结算货币，继而成为投资标的货币，最终自然地成为国际储备货币。人民币跨境贸易计价结算是描绘人民币国际化蓝图的起始之笔。人民币跨境贸易计价结算破冰于 2009 年 4 月，国务院会议正式决定，在深圳、上海、广州、东莞、珠海等城市开展跨境贸易人民币结算试点，揭开了人民币跨境贸易计价结算之幕。2010 年 6 月由既有的 5 个城市扩大到 20 个省，境外区域由东盟和港澳扩大到全球各个地区。直至 2011 年 8 月 23 日，人民银行、财政部等几大部委联合发布《关于扩大跨境贸易人民币结算地区的通知》，明确跨境贸易人民币计价结算境内地域范围扩大至全国。2013 年在上海自贸区，央行已开展了跨境结算更为关键领域的改革试点，其中包括微观管理向宏观管理的转化和资本账户开放相关的监测和监管摸索。

实现人民币跨境贸易计价结算是人民币区域化、国际化的奠基，人民币跨境贸易计价结算的研究有以下几点意义：一是人民币跨境贸易计价结算有利于推进我国参与周边国家区域经济合作，并推进亚洲经济的联合。我国在周边经济体系中处于核心地位，通过提升人民币在边贸中的使用份额，扩大我国和周边国家的贸易总额，解决周边国家的资金瓶颈，能够实现双赢。二是人民币跨境贸易计价结算，能够简化进口换汇和资本流出程序，降低结算成本，从而促使进口和对外直接投资的增长。三是人民币跨境贸易计价结算有利于改善国际收支，我国的顺差外资流入转变为人民币，能够减少外汇储备。四是人民币跨境流通使用有利于提升人民币在全球经济和货币体系中的作用和影响，对改进国际货币体系也有积极意义，能够丰富跨境贸易中主权货币种类。五是人民币跨境贸易计价结算有利于提升境内金融市场配置资源的效率。人民币跨境贸易计价结算规模逐步扩大，境外对人民币流动性需求将加大，境外人民币持有者有保值和增值的要求，也要求人民币金融市场能提供像其他主权货币一样的金融产品和服务。这种需求倒逼了境内的金融机构改进创新体系，提高了境内金融市场的效率。六是微观方面，人民币跨境贸易计价结算的研究能够为跨国企业的国际贸易行为提供指导，为企业跨境贸易提供一种新选择。使用人民币来作为跨境计价结算的工具，能够有效地降低企业在国际贸易过程中所面临的汇率风险。

本书在梳理人民币跨境结算的历史和现状的基础上，针对贸易格局的重大变化，对人民币跨境贸易结算份额进行简单预测，根据人民币在双边贸易结算中的使用情况，将情景设定为最理想、乐观、一般、保守与最差五种。通过数据整理计算，得到2013年人民币跨境贸易结算份额不同情景下的预测值。在最理想、乐观、一般、保守与最差五种情境下，中国贸易总额中人民币结算比例分别为19.35%、17.38%、15.41%、11.56%与7.70%；全球贸易人民币结算比重分别得到2.16%、1.94%、1.72%、1.29%与0.86%的估值。

从计价货币选择看，出口计价有三种模式：第一，本国货币计价，出口商使用本币计价；第二，进口方货币计价，出口商使用出口目的地货币计价；第三，第三方货币计价，出口商使用进出口双方之外的第三国货币计价。在当今的国际贸易中，美国超过98%的出口贸易使用美元计价，德国超过54%的出口贸易使用欧元计价，是典型的本国货币计价模式；此外，一些国家的部分出口行业也使用本币计价，例如俄罗斯的主导出口产品——石油、天然气，通常要求使用卢布计价，日本也有接近1/5的出口贸易使用日元计价。向欧盟国家的出口，尤其是向欧元区国家的出口，大多使用欧元计价，是进口方货币计价模式。包括中国在内的广大发展中国家，无论向哪个国家出口（欧元区除外），基本上使用美元，是第三方货币计价模式。当然，2009年以来，中国为了规避美元、欧元贬值带来的汇率风险，鼓励本国出口企业使用人民币计价结算，出口贸易第三方计价的比例有所下降。

半个多世纪以来关于贸易计价货币选择的理论研究表明，稳定出口销量，降低生产成本波动性，实现利润最大化，是出口企业选择计价货币的出发点。经济规模、行业特性、贸易结构、宏观经济波动性、交易成本、避险动机是决定出口计价货币选择的主要因素。经济规模大的国家，生产行业齐全，进口替代能力较强，市场纵深度较大，可以吞吐多元化的进口商品。通常进口商品的市场份额不大，只是国内市场的一个补充，不会影响市场的定价。随着直接投资规模的不断扩大，发达国家先进技术的扩散速度变得越来越快。生产技术的趋同使各国出口商品的同质性越来越高。由于同质商品的可替代性非常强，稍微的价格变化就会导致出口需求数量的大幅波动，这类商品的生产商有强烈的愿望采用主要竞争者的货币计价。这就是出现聚集效应（coalescing effect）的原因。聚集效应是指出口商倾向于选择其竞争对手的货币来计价，以避免相对价格的波动造成销量下降和生产成本上涨。国际竞争越激烈，产品替代弹性就越高，聚集效应也就越强。由于经济总量、经济发展水平不同，世界各国的贸易结构差异很大。有的商品出口需求弹性较小，价格变化几乎不会改变商品的需求量，例如技术先进、高附加值的制造品，或者存在刚性需求的能源产品。有的商品出口需求弹性较大，价格上涨将导致需求数量明显减少。出口替代弹性[①]是常用的衡量市场竞争程度的指标，二者是正相关关系。因此，出口商品的市场竞争越激烈，出口替代弹性就越高，意味着出口商品价格上涨非常容易导致需求量大幅下滑。在商品替代弹性较低的情况下，出口商有较大的主导权决定计价货币，此时宏观经济稳定性是出口计价货币选择的重要决定因素。宏观经济波动，尤其是工资水平、货币数量的波动，必然会引起生产成本和通货膨胀的变化，导致货币汇率上升或下降，从而影响出口商的边际成本、商品价格，以及出口需求。避险动机[②]在出口计价货币选择中的影响力不断上升。通过合理选择计价货币，获得汇率波动的额外收益，弥补因生产规模扩大而增加的边际生产成本，是越来越多的出口商选择计

[①] 替代弹性是产品价格变化导致需求数量变化的程度。如果产品价格上涨1%，产品需求减少2%，则该产品的替代弹性为2。替代弹性越大，产品价格变化对市场需求变化的影响就越大。

[②] Goldberg 和 Tille（2008），避险动机是指出口商利用计价货币的汇率与其生产成本的同向运动关系来减少出口收益波动的动机。

价货币的动因。外汇交易成本是出口商品价格的一个有机组成部分。由于不同货币的市场规模、流动性、交易主体差异较大，外汇交易费用往往相差几倍至几十倍。作为贸易的媒介，外汇交易成本不应该对商品价格产生过多的影响，因此，交易成本较低的货币在贸易计价货币选择中具有优势。交易成本越低，被选择为出口计价货币的可能性就越大。

除了上述七个因素外，一些非经济因素也会左右贸易计价货币的选择。政治、意识形态上敌对的国家，不会选择对方的货币作为贸易计价货币，即便该货币是主要国际货币也不例外。例如，美国将伊朗列入"邪恶轴心国"，按照国际惯例，石油贸易应该采用美元计价，但是为了规避被美国冻结金融资产的风险，伊朗的石油出口大多采用欧元计价、本币或进口方货币计价，尽可能不使用美元计价。

本书从人民币跨境贸易计价结算与人民币国际化的关系和人民币跨境结算的意义、风险为起点，探讨人民币跨境贸易计价结算的意义、作用、风险、机遇挑战和制约因素。通过文献研究和国际历史经验比较研究的方法，归纳了既往的跨境贸易结算、国际货币选择、替代和货币国际化等相关的研究成果。国际贸易格局主要体现为国别贸易份额、贸易行业与结构、贸易方式的一种常态。贸易格局一旦形成，就会在惯性的力量下保持平衡，直到某种巨大的力量使得国际经济发展出现严重失衡，打破既定的国际贸易格局。战争、全球性经济危机、技术进步、经济联盟、经济崛起都是导致国际贸易格局变化的主要推动力。国际贸易格局的变化通常由局部变化开始，日积月累，经历量变到质变的过程，在达到一种公认的质变标准后，新的贸易格局就诞生了。伴随着贸易格局的变化，贸易计价货币模式也必将发生相应的改变。纵观工业革命以来的历史，不难发现一个客观规律：国际贸易格局变化首先导致贸易计价货币替代，然后蔓延到金融领域，加速和放大这种货币替代，经过一段时间的发酵，最终表现为国际货币格局的巨变。

报告在梳理了四种主要国际货币实现国际贸易计价结算的路径和条

件之后，总结和综合分析其中异同，以求对人民币实现跨境贸易计价结算的路径选择和条件准备提供参考。主要国际货币国际贸易计价结算形成路径的共同点包括具有较强的经济实力、较高的开放度和贸易份额、发达的金融市场、币值稳定和货币能够自由兑换、国际社会中具有较高的政治地位。目前，人民币跨境贸易计价结算在全国各省都已全面放开，并且在周边国家已经取得了一些成果，周边国家跨境贸易中已经广为使用。接下来，可以借鉴国际主要货币实现跨境贸易计价结算进程中的经验和教训，谨慎有序地推进。本书从以上主权货币实现跨境贸易计价结算的历史经验中总结出以下几点启示以供参考。

一是提升经济的总体竞争力。经济实力永远是主权货币的信用基础，因此一国的经济实力是其货币在跨境贸易计价结算能被其他国家接受的价值基础，我国的经济总量已然很大，只是在经济结构和产业竞争力上与美、日、德等国家还有一定距离。"中国制造"的质量还不高，产品差异性不足，创新也较少，也没有形成国际社会信得过的品牌，虽然全球都依赖中国制造，但我国依然是全球产业链的中下端，议价能力比较低，经济发展的持续性和稳定性尚显不足，这些现实情况都对人民币实现跨境贸易计价结算构成了障碍，既没有实现国际贸易商议价的机会，也没有提供给贸易商持有人民币安全稳定的基础。因此我们必须要提升经济的增长质量，解决内在的经济结构问题，提高经济的总体竞争力，从而推动跨境贸易计价结算的实现。

二是设定阶段性目标，循序渐进推动。从主权货币实现跨境贸易计价结算的历史经验来看，大部分国际货币国际化的过程中都是市场自然选择的过程，辅以政府的适当引导。因此，在推进过程中要有一以贯之的操作计划，不能操之过急，要讲求阶段性，先化解一些潜在的金融运行风险，比如影子银行问题、地方债务问题，提升金融系统的配置资源效率，优化先后顺序，遵照货币自身的发展势头，制定合理的阶段性目标，有试点地稳妥推进，积极签署货币互换协议，逐步开放金融管制，并且使之与实体经济相适应，减少对实体经济的震动，促进实体经济的发展。

三是提升金融市场效率。主要货币的国际化路径告诉我们，金融市场的效率对于实现跨境贸易计价结算也具有重要作用，发达的金融市场不仅能增加人民币在国际金融交易中的使用，也能为国际贸易商实现保值增值，还能够抵御外来资本冲击。美国的纽约、英国的伦敦、日本的东京和德国的法兰克福均是全世界最重要、最成熟的金融中心，对于吸收其货币国际化以后引入的国际冲击发挥着不可替代的作用。我国的金融市场效率不高，与以上国家不能够相提并论，但也不用过分悲观，我国金融系统近年来发展迅速，市场规模、交易量、金融产品品种都在稳步上升，货币市场规模已然居于世界前列。我们应该改进现有制度，放松一些可以承受的管制，减少不必要的交易环节，提升金融机构创新能力和风险定价能力，鼓励金融机构向国际标准看齐。在提升境内金融效率的同时，也要重视离岸市场的重要作用，打造全球循环流动的良性机制。同时也应提升政策制定水平和监管水平。可以通过监测数据和国际市场经验，做一些放开管制的情景分析，逐步适应开放进程中的监管和政策制定情况，学习应对国际金融市场波动对经济的影响和外来资本对人民币供应量造成的冲击，兼顾国内和国际经济情况，对国内金融机构做适当地监管引导，引导其适应国际金融冲击，保证经济稳定发展。

四是重视区域货币合作。借鉴欧元的经验和日元的教训，利用我国与周边国家的睦邻友好关系和广泛的经贸往来，通过亚太经合组织和东盟，逐步提升人民币的区域话语权，加强与周边国家的货币合作。近年来，我国经济的高增长和良好的国际形象为人民币在区域中广泛实现跨境贸易计价结算打开了机会窗口，人民币负责任的表现也获得了周边国家和地区的信任，在此基础上推动人民币跨境贸易计价结算有既成优势。

主权货币实现跨境贸易计价结算是一个较为复杂的过程，不单是经济领域的问题，也牵涉政治、文化领域的实力和较量，由于历史机遇不同，各国在这个进程中遇到的机遇和挑战都有所不同，每个主权货币国际化的历史都是相对独特的历史，历史经验都只能够提供一些借鉴，而难以完全复制和照搬，我国人民币实现跨境贸易计价结算的过程中，更是要抓住时代敞开的机会窗口，结合我国的国情和全球的情况，探索出一条独特的国际化道路，循序渐进地推进人民币实现跨境贸易计价结算。

根据理论分析和历史实践比较，可以看出经济规模、行业特性、贸易结构、宏观经济波动性、交易成本、避险动机等是决定出口计价货币选择的主要因素。本书选用人民币跨境贸易结算额作为被解释变量，对于解释变量，选用国内生产总值作为经济规模的代理变量；进出口总额作为贸易规模的代理变量；用消费者价格指数和名义有效汇率作为衡量对内和对外币值的稳定性；采用 McKinnon 在 1973 年提出的用 M_2/GDP 衡量金融市场的发达程度；选取我国的产业内贸易指数作为产品异质性的代理变量。通过实证研究分析影响人民币跨境贸易结算份额的因素与力量。结果表明，经济规模的增加对人民币跨境贸易结算具有正向作用；贸易规模的增加为人民币跨境贸易结算奠定了厚实的基础；通货膨胀率的提高对跨境贸易人民币结算额的增加产生反向作用；我国货币汇率的升值对跨境贸易人民币结算具有正向影响；我国金融市场越发达，对人民币跨境贸易结算越有利；产品异质性即产业内贸易水平的提升对人民币跨境贸易结算额的增加起负面的作用等结论，并针对与理论分析不一致的结果作出了解释。理论上产品差异性越大人民币国际化程度应越高，实证结论与理论分析不一致。原因在于在全球经济一体化的大前提下，产业内贸易水平的提高将降低比较优势，引起产品结构趋同。我国虽然广泛参与产品内及产业内分工，但多数产品仍处于产业链的中低端，主要依托丰富的劳动力资源，出口商品技术含量不高，差异化程度较小，因此企业的议价能力较低，决定了我国缺乏对商品的定价权，从而对人民币跨境贸易结算产生反向效应。

基于现实国情和实证研究结论，本报告继续分析归纳了我国实现跨境贸易计价结算过程中面临的一些难得的机遇和重大挑战。世界及中国贸易格局正在发生重大变化。

新兴市场国家在全球贸易中的影响力和作用显著上升，进出口贸易份额目前与发达国家势均力敌。作为最大的发展中国家，中国在2009年超越德国成为全球第一大货物出口国，2013年又首次超越美国成为全球第一大货物进口国，确立了世界第一贸易大国地位。据海关统计，2012年的我国货物进出口总额已经达到38 667.6亿美元，占全球比重的11.2%。近年来，我国积极扩大内需，促进经济增长向依靠消费、投资、出口协调拉动转变，贸易顺差占国内生产总值的比例呈下降趋势。2012年该比例为2.8%，处于国际公认的合理区间。国际分工不断深化导致贸易模式改变。在垂直专业化分工的基础上，过去发达国家之间以替代性产品为主的"北北间产业内贸易"被"南北间产品内贸易"替代，即产品价值链中属于劳动、资源密集型的中间品的生产、组装主要在发展中国家完成，而技术、资金密集型的研发、设计等环节主要在发达国家进行。跨国公司的海外布局成为南北间产品内贸易的主要组织者和积极推动者。以跨国公司为主导，产品内贸易主要有"内部化"和"跨国外包"两种组织形式。中国积极参与国际分工，不断优化贸易产品结构。全球500强企业几乎都在中国设立了分支机构，而近5年来中国也加快了企业"走出去"的步伐，成为第五大对外直接投资大国，拥有了一批有一定国际影响力的本土跨国公司。我国出口产品结构升级取得了成效，以电子和信息技术为代表的高新技术产品出口比重不断扩大。2012年，机电产品、高新技术产品占出口比重分别达到57.6%和29.3%。

区域贸易成为主流。在全球经济一体化的大趋势下，地缘经济不但没有衰减反而进一步加强。区域内各国间贸易可以实现自由化，得到自由贸易的好处，而贸易区域外的经济往来又强调贸易保护，实现各国保护贸易的利益。由于加入区域贸易集团兼顾了自由贸易和保护贸易的优势，因此成为当前各国政策选择的趋势，多边谈判的贸易全球化逐渐被"区域化"和"双边化"贸易安排所取代。例如，向WTO通报的区域和双边贸易协定总数达到410个，已生效实施的有231个。其中，亚太经合组织（APEC）、中国—东盟自贸区（ACFTA）等相对成熟的区域经济一体化组织形式，已经在整合区域经济发展动力、促进区域经贸活动等方面发挥了巨大的积极效应。在这样的背景下，中国的贸易也呈现出区域化特征。东盟、金砖国家等新兴市场国家和发展中国家占我国贸易的比重不断上升，传统发达国家贸易额占比呈下降趋势。多双边和区域经贸合作进一步加强，我国成功签订和实施了一批自贸区协定。2012年，我国对欧盟、美国、日本、中国香港四个传统市场进出口比重降至44.0%，对新兴市场进出口快速增长。对东盟的进出口占比提高到10.4%；对金砖国家、拉丁美洲、非洲的贸易额也分别提高到7.8%、6.8%和5.1%。

  概括来说，主要机遇有：一是经济实力显著增强，增加了国外贸易商使用人民币计价的安全感；二是贸易地位上升使我国企业获得了一定程度的话语权和货币选择权；三是币值稳定吸引了贸易企业选择人民币计价结算；四是跨境人民币结算潜在需求的增长，新兴经济体、发展中国家均为非主要货币发行国，相互之间贸易地位的不断提高为中国与其双边贸易中逐渐采用人民币计价结算、规避双边进出口企业汇率风险、降低交易成本提供了巨大的潜在需求。当然，我国实现人民币跨境结算进程中，也存在一些制约因素，主要包括：一是贸易大而不强、综合竞争力低、产品差异性差阻碍了人民币跨境结算份额的提高。二是人民币交易成本高是跨境贸易结算继续发展的重要制约，外汇交易成本是国际贸易、国际投资货币选择的重要决定因素。三是金融支撑体系资源配置效率不高是人民币跨境业务的主要障碍。如果金融机构能够提供优质、高效、便宜的人民币跨境支付结算，提供更多的人民币贸易融资产品，提供高质量的离岸人民币保值增值以及资产管理服务，就会吸引更多的国内外企业在跨境贸易中使用人民币，消除国内外企业使用人民币跨境结算的后顾之忧。四是人民币支付清算体系尚待完善。便捷、安全、高效的支付体系是一国金融体系核心竞争力的集中代表，也是一国进行及时、廉价和高效金融监管的坚实基础。支付清算体系的国际化是推进人民币跨境使用不可或缺的重要环节。人民币要想在国际舞台上发挥更多的作用，一个健全的跨境支付清算体系是其必要条件。

通过对人民币跨境贸易计价结算的理论与实践的深入分析，本书得出以下结论和策略建议。主要结论有：一是高质量的经济增长奠定了货币国际化的根基。对该国经济和偿付能力的信心是主权货币的信用根基。这种信心是建立在经济持续稳定发展基础上的。目前，我国经济规模已超日本，荣升为世界第二大经济体，贸易地位也不容小觑。应该说，我国的经济实力和规模已初步具有这种国际货币的根基。二是国际贸易格局变化或将触发国际货币体系调整。贸易格局调整或将触发贸易计价货币替代。随着计价结算货币在境外的逐步累积，会延伸至投资交易领域，金融领域自然会加速货币替代进程，经过长时间积累酝酿，人们逐步认可适应新兴的国际货币，就表现为国际货币体系发生改变，本轮国际贸易格局调整为人民币提升跨境结算份额继而推进人民币国际化进程打开了机会窗口。三是现代高效的金融支撑体系是人民币跨境业务的载体。建立适应于实体经济发展的金融支撑体系是金融改革的目标。所有的人民币流动性都要依靠我国的金融体系支撑，并实现保值增值。而我国在金融机构创新能力和风险管理水平、离岸市场的完备程度以及支付清算系统等方面都与主要国际货币发行国存在一定差距。需要建立更加市场化和开放的金融体系，以国际标准提供金融服务，以便更好地承载人民币更为深广的金融服务。

主要策略建议有以下几点：一是打造以质取胜的经济升级版。我国已实现了经济规模的突破，接下来需要付诸努力改革经济结构，提升全球竞争力。我国经济发展是人民币偿付能力的信用根基。这种信心是建立在经济持续稳定发展的基础上，建立持续发展能取信于国际社会的经济发展模式，需要以改革激发市场活力，内外双轮驱动扩大需求，将创新融入到我国经济发展当中，打造我国经济的升级版。二是以产业结构调整为抓手提升全球价值链中的位置。国内产业结构合理和产业成熟是其贸易强盛的基础。我国贸易周边产业综合实力不强，商业成熟度较低，要建立鼓励企业自主创新的体制机制，加大产、学、研结合，培育企业的核心竞争力。三是以软实力增进世界对人民币的信心和认同，信用货币基于信任产生，而信任绝非单单经济实力能够产生，货币现象从来就不只是经济现象，以优质文化增进世界对人民币的认同。我国应该树立负责任的大国形象和发展优质的传统文化增进国际社会对人民币的信任和认同。中华传统文化与和平与发展这一当代世界的主题高度吻合，赋予人民币极高的软实力，有利于扫清人民币国际化道路中思想观念及文化方面的障碍。通过软实力的较量使国际社会接受和认可人民币，提升持有意愿，使人民币的接纳度更高，客观上可以起到为人民币的信用背书的作用。四是打造现代高效有助于实体经济发展的金融支撑体系。提高金融机构国际化程度，夯实人民币国际化的组织基础，中国金融机构国际化的步伐应该与中国贸易格局的发展变化相适应。政府强化服务功能，建设功能强大的跨境、跨市场信息平台和支付清算体系，即时记录跨境、跨市场交易信息，为监管机构的监管行为和金融机构的经营行为提供充分的决策依据，帮助其提升规避危害极大的国家风险的能力。打造高效的离岸中心，提高境外贸易商持有人民币的意愿，将境外分散的流动性集中起来，满足境外流动性投融资需求，扩大人民币流动性的使用范围，增加人民币的吸引力。

参考文献

[1] 安国俊,贾知青. 国际债市破茧化蝶[J]. 中国外汇,2010(7):23.

[2] 巴曙松,杨现领. 货币锚的选择与退出:对最优货币规则的再考察[J]. 国际经济评论,2011,(1):141–154.

[3] 陈雨露. 东亚货币合作中的货币竞争问题[J]. 国际金融研究,2003:17–23.

[4] 陈雨露,涂永红,王芳. 人民币国际化的未来[J]. 中国经济报告,2013(1):21–25.

[5] 陈雨露,王芳,杨明. 作为国家竞争战略的货币国际化:美元的经验证据[J]. 经济研究,2005:35–44.

[6] 陈莹. 跨境贸易人民币结算的收益成本分析[J]. 金融发展研究,2010(8):57–59.

[7] 陈小五. 人民币跨境业务发展的若干问题探讨[J]. 经济研究,2010(10):9–11.

[8] 丁剑平,吴文,陈露. 从价值尺度的历史视角看货币国际化的机遇[J]. 国际金融研究,2012(1).

[9] 范祚军,关伟. 基于贸易与货币竞争视角的CAFTA人民币区域化策略[J]. 国际金融研究,2008(10):11–19.

[10] 高海红,余永定. 人民币国际化的含义与条件[J]. 国际经济评论,2010(1):46–50.

[11] 韩民春,袁秀林. 基于贸易视角的人民币区域化研究[J]. 2007,6(2):401–420.

[12] 金勇静. 异军突起的国际债券市场[J]. 国际金融研究,1984,2:5.

[13] 李超. 中国的贸易基础支持人民币区域化吗?[J]. 金融研究,2010(7):1–17.

[14] 刘旗. 国际贸易结算货币选择理论对人民币跨境结算的启示[J]. 经济论坛,

2010 (1): 9-12.

[15] 刘艳. 进一步推进跨境贸易人民币结算试点的外汇管理政策研究 [J]. 外汇管理, 2010 (2): 50-52.

[16] 李稻葵, 刘霖林. 人民币国际化: 计量研究及政策分析 [J]. 金融研究, 2008 (11): 1-13.

[17] 李志刚, 修晶. 强势国际货币的支持因素分析 [J]. 江西金融职工大学学报, 2010, 23 (2): 15-19.

[18] 李海峰, 王林. 货币国际化影响因素实证研究 [J]. 金融与经济, 2012 (12): 13-18.

[19] 李琳. 中国国际贸易标价货币选择问题研究 [D]. 山东: 山东大学, 2011.

[20] 李婧. 从跨境人民币结算看人民币国际化战略 [J]. 世界经济研究, 2011 (2): 13-15.

[21] 李晓. "日元国际化"的困境及其战略调整 [J]. 世界经济, 2005 (6): 3-18.

[22] 罗忠洲. 跨境贸易计价货币选择理论: 文献综述 [J]. 国际经贸探索, 2012 (6): 75-77.

[23] 刘艳靖. 国际储备货币演变的计量分析研究 [J]. 国际金融研究, 2012: 4.

[24] 林晶. 国际融资中的币种选择研究 [J]. 财会月刊, 2004 (5): 63-64.

[25] 廖施雨. 国际金融市场研究方法的逻辑演变 [J]. 贵州大学学报 (社会科学版), 2006, 24 (2): 57-61.

[26] 罗忠洲. 跨境贸易计价货币选择理论: 文献综述 [J]. 国际经贸探索, 2012, 28 (6): 75-87.

[27] 马荣华. 人民币跨境流通的原因分析 [J]. 新金融, 2009 (3): 33-37.

[28] 梅新育. 跨境贸易人民币结算收付差额的产生与化解 [J]. 中国金融, 2011 (21): 63-65.

[29] 聂名华. 略谈国际债券的类型和特征 [J]. 国际金融, 1995 (6): 3.

[30] 潘成夫. 跨境贸易人民币结算的突破、影响与前景 [J]. 金融与经济, 2009 (8): 4-6.

[31] 潘永, 邓莉云. 中越跨境人民币结算问题研究 [J]. 广西大学学报 (哲学社会科学版), 2012, 31 (1): 19-25.

[32] 邱兆祥,粟勤. 货币竞争、货币替代与人民币区域化[J]. 金融理论与实践, 2008（2）：6-10.

[33] 宋晓峰. 国际货币的竞争稳定[J]. 世界经济研究, 2004（3）：29-33.

[34] 宋晓玲. 国际货币竞争的决定因素：理论评述[J]. 西南金融, 2010（10）：10-12.

[35] 沙文兵,刘敏. 货币国际化的经济效应：国外文献综述[J]. 经济问题探索, 2013（8）：186-191.

[36] 孙海霞,斯琴图雅. 日元国际化进程对人民币国际化的启示[J]. 亚太经济, 2010（1）：30-35.

[37] 孙海霞,杨玲玲. 货币国际化进程影响因素研究——基于外汇储备职能的实证分析[J]. 上海财经大学学报（哲学社会科学版）, 2010, 12（6）：81-88.

[38] 孙海霞. 货币国际化条件研究[D]. 上海：复旦大学, 2011.

[39] 涂永红,肖潇. 人民币国际化的评估和建议[J]. 中国金融, 2013（24）：79-80.

[40] 汪洋. 跨境贸易以人民币结算：路径选择与风险[J]. 国际经济评论, 2011（2）：108-118.

[41] 王慧,刘宏业. 国际货币的惯性及对人民币国际化的启示[J]. 经济问题, 2012（5）：110-113.

[42] 王华庆. 国际货币、国际货币体系与人民币国际化[J]. 复旦大学学报（社会科学版）, 2010（1）：16-20.

[43] 肖跃. 贸易人民币结算对跨境及境内资金流影响分析[J]. 现代商业, 2011（15）：56-57.

[44] 许祥云,吴烨. 货币国际化降低了出口汇率风险吗？[J]. 金融研究, 2011（2）：17-31.

[45] 许祥云. 国际贸易中标价货币使用的理论进展及对人民币国际化的启示[J]. 上海金融, 2010（1）：5-11.

[46] 杨菊洪,我国贸易条件变化的进出口需求价格弹性分析[J]. 中国市场, 2012（23）：72-73, 101.

[47] 杨荣海. 货币国际化与债券市场发展关系的实证分析[J]. 经济经纬, 2011：155-160.

［48］叶芳,杜朝运.当前国际货币体系改革为何难以突破?——基于美元网络外部性的微观解释［J］.广东金融学院学报,2012（3）:6.

［49］张国庆,刘骏民.日元国际化历史、教训与启示［J］.上海金融,2009（8）:15-20.

［50］周小川.人民币资本项目可兑换的前景和路径［J］.金融研究,2012（1）:1-19.

［51］中国人民大学国际货币研究所.人民币国际化报告［M］.北京:中国人民大学出版社,2012.

［52］钟阳,丁一兵,何彬.外汇市场深度、网络外部性与美元的国际地位——基于分国别与地区面板数据的实证研究［J］.经济纬纬,2012（2）:70-74.

［53］庄永婷.人民币国际化影响因素的实证研究［D］.上海:复旦大学,2012.

［54］Allayannis, G and E Ofek. Exchange rate exposure, hedging, and the use of foreign currency derivatives［J］. Journal of International Money and Finance, 2001（20）: 273-96.

［55］Aliber R Z. The interest rate parity theorem: A reinterpretation［J］. The Journal of Political Economy, 1973, 81（6）: 1451.

［56］Baron, D. P. Fluctuating exchange rates and the pricing of exports［J］. Economic Inquiry, 1976（14）: 425-438.

［57］Bobba, M., Corte G. D. and Powell, A. On the determinants of international currency choice: Will the euro dominate the world?［J］. Inter-American Development Bank Working Paper, 2007（611）.

［58］Bank of International Settlement. Guide to the international financial statistics［J］. BIS Papers, 2003, 2（14）.

［59］Bergsten, C. Fred. The Dilemmas of the Dollar: the Eeonomics and Polities of United States International Monetary Policy［M］. Published for the Couneil on Foreign Relations by New York University Press, 1975.

［60］Chinn M D, Meredith G. Testing uncovered interest parity at short and long horizons during the post-Bretton Woods era［R］. National Bureau of Economic Research, 2005.

［61］Caves, R. E., International Corporations: The Industrial Economics of Foreign Investment [J]. Economica, 38: 1 – 27.

[62] Cooper, Richard N. Key Currencies after the Euro [R]. http://post.economics.harvard.edu/faculty/cooper/papers.html.

[63] Cohen, B. J. Currency choice in international bond issuance [J]. BIS Quarterly Review, 2005: 53 – 66.

[64] De Bondt G, Marqués – Ibáñez D. The high – yield segment of the corporate bond market: A diffusion modelling approach for the United States, the United Kingdom and the Euro area [R]. 2004.

[65] Devereux, Michael B., Engel, Charles, Storgaard, Peter E. Endogenous exchange rate Pass – through when nominal Prices are set in advance [J]. Journal of International Economics, 2004, (63): 263 – 291.

[66] Donnenfeld, Shabtai and Alfred Haug, Currency Invoicing of US Imports [J]. International Journal of Finance and Economics, 2008, 13 (2): 184 – 198.

[67] Engel, Charles. Equivalence results for optimal Pass – through, optimal in Exchange rates and optimal choice of currency for export pricing [J]. Journal of the European Economic Association, 2006, 4 (6): 1249 – 1260.

[68] Esho N, Sharpe I G, Webster K H. Hedging and choice of currency denomination in international syndicated loan markets [J]. Pacific – Basin Finance Journal, 2007, 15 (2): 195 – 212.

[69] Eichengreen B J, Mathieson D J. The currency composition of foreign exchange reserves – retrospect and prospect [M]. International Monetary Fund, 2000.

[70] Frankfurt. European Central Bank: Review of the international role of the euro [R]. 2005.

[71] Flandreau J. The empirics of international currencies: history evidence [Z]. CEPR Discussion Paper, 2009 (119): 643 – 664.

[72] Fredric Wilander. An Empirical Analysis of the Currency Denomination in International Trade. Stockholm School of Economics, 2005.

[73] Froot K. A., Klem Perer P., Exehange rate pass through when market share matters [J]. American Eeonomie Review, 1989 (79): 637 – 54.

[74] Genberg H. Currency internationalisation: analytical and policy issues [J]. BIS Pa-

pers, 2011: 221.

[75] Georges, Pineau. The Global Use of the Dollar and Euro [J]. European, 2009.

[76] Giovannini, A. Exchange rates and traded goods prices [J]. Journal of International Economics, 1988 (24): 45 – 68.

[77] Goldberg, Linda and Cedric Tille. Macroeconomic Interdependence and the International Role of the Dollar [R]. Federal Reserve Bank of New York staff Reports, 2008 (310).

[78] Commission and Federal Reserve Bank of Dallas Conference. The Euro and the Dollar in the Crisis and Beyond [C].

[79] Gopinath G, Itskhoki O, Rigobon R. Currency choice and exchange rate pass – through [R]. National Bureau of Economic Research, 2007.

[80] Goldenstein M., Turner P. Controlling currency mismatches in emerging economies, 2004.

[81] Gopinath, Itskhoki and Rigobon. Currency Choice and Exchange Rate Pass – through [J]. American Economic Review, 2010 (100): 304 – 336.

[82] Grabbe J O, Grabbe J O. International financial markets [M]. Englewood Cliffs, New Jersey: Prentice Hall, 1996.

[83] Greenspan, Alan. The Euro as an International Currency, Paper presented at the Euro 50 Group Round – table, Washington D. C. [R]. 2011.

[84] Géczy, C, B A Minton and C Schrand. Why firms use currency derivatives [J]. Journal of Finance, 1997 (52): 1323 – 1354.

[85] Guidotti P, Powell A. The Dollarization Debate in Argentina and Latin America [M]. The University of Chicago Press, 2002.

[86] Habib M M, Joy M. Foreign – currency bonds: Currency choice and the role of uncovered and covered interest parity [J]. Applied Financial Economics, 2010, 20 (8): 601 – 626.

[87] Hayek. Denationalization of Money [M]. London: Institute of Eeonomie Affairs. 1978.

[88] Johnson D. The currency denomination of long – term debt in the Canadian corporate sector: an empirical analysis [J]. Journal of International Money and Finance, 1987 (1): 77 – 90.

[89] Johnson, Martin, Pick, Daniel. Currency quandary: the choice of invoicing currency

under exchange – rate uncertainty [J] . Review of International Economics, 1997, 5 (1): 228 – 228.

[90] Kamps, Annette. The Euro as Invoicing Currency in International Trade [R] . ECB Working Paper, 2006 (655) .

[91] Kedia S, Mozumdar A. Foreign Currency – Denominated Debt: An Empirical Examination [J] . The Journal of Business, 2003, 76 (4): 521 – 546.

[92] Kenen Peter B, The Euro Versus the Dollar: Will There Be a Struggle for Dominance. Journal of Policy Modeling, 2002 (24): 347 – 354.

[93] Keloharju M, Niskanen M. Why Do Firms Raise Foreign Currency Denominated Debt? [J] . 1997.

[94] Kindleberger. The Politics of International Money and World Language, International Finance [C] . Princeton University Press, 1967 (61) .

[95] Kim and Stulz, R. M. Options on the minimum or the maximum of two risky assets [J]. Journal of Finaneial Economics, 1982 (102): 161 – 185.

[96] Krugman, Paul. Vehicle Currencies and the Structure of International Exchange [J]. Journal of Money, Credit and Banking, 1980 (12): 513 – 526.

[97] Linda S. Goldberg. Cedric Tille. Vehicle Currency Use in International Trade [R]. Federal Reserve Bank of New York Staff Reports, 2005, 1 (200) .

[98] Ligthart, Jenny and Jorge A. da Silva. Currency Invoicing in International Trade: A Panel Data Approach [R] . Tilburg University Discussion Paper, 2007 (25) .

[99] Lim, EG. , The Euros Challenge to the Dollar: Different Views from Economists and Evidence from COFER Currency Composition of Foreign Exehange Reserves and other Data [J] . IMF Working Paper, 2006, 6 (153) .

[100] Michael B. , Devereux, Charles Engel. Endogenous Currency of Price Setting in a Dynamic Open Economy Model [R] . NBER Working Paper, 2001 (8559) .

[101] McKinnon, Ronald. Money in International Exchange: The Convertible Currency System. Oxford: Oxford University Press, 1979.

[102] Mohl, A. Currency diversification in international financial markets [J] . FRBNY Quarterly Review, 1984: 31 – 2.

[103] McKinnon, Ronald I. The Euro Threat is Exaggerated, The International Economy,

1998 (12): 32-33, 60.

[104] Melnik A, Nissim D. Liquidity and Issue Costs in the Eurobond Market: The Effects of Market Integration [C]. Money Macro and Finance Research Group, 2004 (48).

[105] Nandy, D. K. Why Do Firms Issue Debt in Foreign Currencies? Empirical Evidence fromCanada and the UK, Mimeo. Boston College, Chestnut Hill, MA, 2002.

[106] Obstfeld, M. and Rogoff, K. Exchange Rate Dynamics Redux [J]. Journal of Economy, 1995, 103 (3): 624-660.

[107] Oomes, N. Essays on Network Externalities and Aggregate Persistence [D]. University of Wiscons in Ph. D Dissertation, 2001.

[108] Pagès H. Is There a Premium for Currencies Correlated with Volatility? Some Evidence from Risk Reversals [M]. Dir. des Etudes Economiques et de la Recherche, 1996.

[109] Paul Krugman, The International Role of the Dollar: Theory and Prospect, University of Chicago Press, 1984: 261-278.

[110] Philippe Jorion. Financial Risk Manager Handbook [M]. 1990.

[111] Richard Friberg, Fredrik Wilander. The Currency Denomination of exports: Aquestionnaire study [J]. Journal of International Economies, 2008 (75): 54-9.

[112] Rey, Helene. International Trade and Currency Exchange [J]. Review of Economic Studies, 2001 (68): 443-464.

[113] Rohlfs, Jeffrey. A Theory of Interdependent Demand for a Communications Service [J]. 1974.

[114] Shin-ichi Fukuda, Masanori Ono. On the determinants of exporters'currency pricing History vs expectations [J]. Journal of the Japanese and International Economics, 2006 (20): 548-568.

[115] Siegfried, N., Simeonova E. and Vespro C.. Choice of currency in bond issuance and the international role of currencies [J]. ECB Working Papers, European Central Bank, 2007 (814).

[116] Solnik B H. An equilibrium model of the international capital market [J]. Journal of Economic Theory, 1974, 8 (4): 500-524.

[117] Tavlas, George, The International Use of Curreneies: The U. S. Dollar and the Euro [J]. Finance and Development, 1998, 35 (2): 46-49.